国家自然科学基金面上项目
"污染排放—环境质量"同步耦合情景下
行业企业初始排污权差异化配置模式与优化算法研究
(71773034)

佟新华 陈 武/著

全球气候变化与东北亚地区低碳发展战略

Global Climate Change and
the Low-carbon Development Strategies in Northeast Asia

中国财经出版传媒集团

经济科学出版社
Economic Science Press

图书在版编目（CIP）数据

全球气候变化与东北亚地区低碳发展战略/佟新华，陈武著.—北京：经济科学出版社，2020.8
ISBN 978 - 7 - 5218 - 1767 - 6

Ⅰ.①全… Ⅱ.①佟… ②陈… Ⅲ.①低碳经济 - 经济发展战略 - 研究 - 东亚 Ⅳ.①F131.045

中国版本图书馆 CIP 数据核字（2020）第 151897 号

责任编辑：孙怡虹　刘　博
责任校对：齐　杰
责任印制：李　鹏　范　艳

全球气候变化与东北亚地区低碳发展战略
佟新华　陈　武　著
经济科学出版社出版、发行　新华书店经销
社址：北京市海淀区阜成路甲 28 号　邮编：100142
总编部电话：010 - 88191217　发行部电话：010 - 88191522
网址：www. esp. com. cn
电子邮件：esp@ esp. com. cn
天猫网店：经济科学出版社旗舰店
网址：http://jjkxcbs. tmall. com
北京季蜂印刷有限公司印装
710×1000　16 开　11 印张　227000 字
2020 年 10 月第 1 版　2020 年 10 月第 1 次印刷
ISBN 978 - 7 - 5218 - 1767 - 6　定价：56.00 元
（图书出现印装问题，本社负责调换。电话：010 - 88191510）
（版权所有　侵权必究　打击盗版　举报热线：010 - 88191661
QQ：2242791300　营销中心电话：010 - 88191537
电子邮箱：dbts@ esp. com. cn）

前　　言

在众多环保主义者的推动下，全球气候变化已经演变成了一个全球性政治经济运动，逐渐形成了一股"全球气候变化主义"社会思潮。气候变化在全球范围内造成了规模空前的影响，粮食生产面临威胁、海平面上升、极端降水等事件频发。

自工业时代以来，大量燃烧以煤炭为主的化石燃料导致大气二氧化碳浓度大幅上升，是造成全球气候变化的主要原因，这已成为全球共识。众多学者普遍认为以低耗能、低污染、低排放为特征的低碳发展模式是应对全球气候变化的重要对策，可以实现社会经济发展与碳排放脱钩，最大限度地减少人类活动对全球气候变化的不利影响，从而实现人类经济社会可持续发展。

东北亚地区是当今世界最为发达的三大区域之一，在世界经济、政治、军事中的战略重要性仍在不断提高，但东北亚地区同样面临着严重的气候问题。《巴黎协定》的正式签署拉开了新时代具有东北亚特色的应对战略的帷幕，深入贯彻低碳发展战略是构建东北亚地区气候减缓与适应合作治理的重要路径，有利于控制区域碳排放增加，维持大气二氧化碳浓度平稳，进而降低全球气候变化风险。

中国在应对气候变化这一全球性严重问题中，始终秉持一个积极的、负责任的大国态度，中国政府在《联合国气候变化框架公约》及其《京都议定书》的核心框架内力争以更为负责任的态度和举措，担负起领导之责。2013 年，低碳发展战略已被我国列为国家重大战略。长期以来，我国东北老工业基地已形成了"高投入、高消耗、高污染"的经济发展模式，推动"高碳"向"低碳"转变，是东北区域应对气候问题所面临的最严峻的挑战。坚持低碳发展战略是摆脱东北老工业基地发展"瓶颈",促进区域经济、社会与环境和谐发展,从而实现东北老工业基地全面振兴的重要途径。

尽管国内外在全球气候变化和低碳发展方面已取得了不小成果,但战略研究尚处于起步阶段,特别是关于二者之间的联合研究还不够成熟。因此我们将深入分析全球气候变化及各主要大国的态度和各大国低碳发展战略,立足东北亚地区及中国东北区域,通过理论和实践的系统论证,旨在研究气候变化与低碳发展战略的宏观层面关系,构绘出我国东北地区沿低碳发展战略改进区域气候变化的战略目标和战略路径,进而推进我国低碳发展战略宏观战略体系的形成。

目　录

概　　论

气候变化问题在全球范围内对社会经济发展及人类生存安全造成了规模空前的影响，东北亚地区在世界经济、政治、军事中的战略重要性不断提高，但东北亚地区同样面临着严重的气候问题。为使读者能够通过本书加深对全球气候变化和东北亚地区低碳发展战略的认识，在进行理论和实践的系统论证前，本部分从全球气候变化和低碳发展的概念界定出发，厘清两大概念之间的关系，并阐明东北亚地区低碳发展在全球气候变化问题上的核心位置及定位，表明东北亚地区低碳发展的全球贡献，此外，本部分还简短介绍了应对全球气候变化行动的另一领域，即适应全球气候变化行动的重要措施——海绵城市建设和雨污分流。

一、概念界定

1. 全球气候变化

全球气候变化是指在全球范围内，气候平均状态发生统计学意义上的巨大改变，或者说，持续较长一段时间的气候变动。包括全球变暖，海平面上升，降水量两极化，干旱、洪涝、暴雨等自然灾害的频发。

尽管全球气候变化是由诸多因素所共同造成的，包括太阳辐射变化、板块碰撞运动、火山爆发等自然因素以及人类活动的影响，但国际社会普遍接受的是，人类活动的影响是导致全球气候变化问题加剧的主要原因。人类活动包括化石燃料的燃烧活动（如 CO_2 等）、化石燃料的开采过程（如 CO_2 和 CH_4）、工业生产过程（如 CO_2）、废弃物处理（如 CH_4 和 N_2O）、土地利用变化（如 CO_2）等。

2. 低碳发展

低碳发展，顾名思义，既要发展又要低碳，是针对工业革命以来形成的高投入—低产出、高消耗—低效率、高排放—低效益的传统工业生产方式给生态环境造成严重的破坏而提出的旨在降低以二氧化碳（CO_2）为主的温室气体排放量的可持续发展模式，在全球气候变化问题愈演愈烈的情况下，低碳发展已成为全球各个国家实现可持续发展的重要路径。

二、研究内容

1. 全球气候变化与低碳发展

21 世纪以来，全球气候变化严重威胁着人们的生命财产安全，由于气候具有明显的公共物品性质，携手联合应对气候变化已经成为各个国家的共同愿景。在生产生活中排放的大量的温室气体成为全球气候变暖的主要原因，而气候变暖是当今世界全球气候变化最为显著的现象。因此，如何实现有效减缓全球气候变化成为各国应对全球气候变化行动的首要议题，而低碳发展正是各国给出的科学答案。

20 世纪以来，得益于传统的工业生产模式，全球经济增速迅猛：根据世界银行数据库的统计数据，20 世纪初全球国内生产总值（gross domestic product，GDP）总量还不到 600 亿美元，而到 20 世纪末，这一数字已高达 33.58 万亿美元，年均增速高达 6.60%。但这种"唯 GDP"的发展观念严重忽略了社会效益和生态效益，对生态环境造成了不可逆转的严重破坏，尤其是工业生产过程中所产生的大量的 CO_2 排放量使得大气中的 CO_2 浓度剧烈升高，工业革命前每立方米空气中 CO_2 不足 280 毫升，而到 2000 年已高达每立方米 369.52 毫升 CO_2[①]。尽管进入 21 世纪以来，"低碳"理念得到了各国的推崇与关注，纷纷制定并出台了一系列的相关政策及措施，同时，各国相继签署多项国际性法律文书为减缓全球气候变化做出了相关规划，但到 2018 年仍然创下了有记录以来的历史最高值，大气中的 CO_2 全球水平浓度达到 407.80ppm（CO_2 气体在空气中的质量分数）[②]，2018 年全球 CO_2 排放量高达 33 890.84 百万吨，其中，能源消耗仍是 CO_2 排放量的主要来源，由工业部门中的电力和供热所产生的 CO_2 排放量占据着相当大的比例。

根据《京都议定书》对减缓全球气候变化的国际联合行动所需控制的温室气体做了相关规定，其中，CO_2、甲烷（CH_4）、二氧化氮（N_2O）被称为"长寿命"温室气体，CO_2 在温室气体排放总量中的占比超过 70%，是引起全球气候变暖的主要因素，因此也是各国重点减排的温室气体，更是低碳发展的关键之所在。

---

① 戴闻. 二氧化碳浓度与全球气温变化［J］. 物理，2010，39（6）：437.

② 数据引自世界气象组织（World Meteorological Organization，WMO）2019 年 11 月 25 日发布的 WMO Greenhouse Gas Bulletin，http：//www.huanjing100.com/p-10，208.html。

2. 适应气候变化

在应对全球气候变化的行动上，除了旨在减少 CO_2 排放量的减缓气候变化以外，还有适应气候变化行动。

有些气候变化问题是无法避免的，因而积极调整以适应正在变化和变化无常的气候也是各国由来已久的迫切需要。适应气候变化的措施多种多样，其中，海绵城市建设和雨污分流是目前推广较广、成果较好的措施。

海绵城市（the sponge city）是适应全球气候变化的城市建设重要方案，旨在解决影响市民生活和城市生产的内涝以及旱涝极化问题，在提升城市排水系统能力的同时运用先进技术净化雨水、生活污水等废水，并将其存储起来，用于夏季干旱城市水资源紧缺的情况。海绵城市建设，高度体现了生态优先原则，充分发挥了自然途径存积、净化和渗透的作用。

德国、瑞士、美国、日本、新加坡等国家在海绵城市建设领域已取得了不少成功的经验，而建设海绵城市是中国近些年来适应气候变化行动领域的一项重要措施：习近平总书记在 2013 年 12 月 12 日的中央城镇化工作会议中强调"要建设自然积存、自然渗透①，自然净化的'海绵城市'"；2015 年 4 月，海绵城市建设 16 个试点城市②正式确定并公布；各地政府为推进海绵城市建设制定了相关实施意见和管理方案。

雨污分流是指分别处理雨水和污水后，经过单独管道排放到城市内河，能够有效降低工业生产排放的污水对生态环境造成的有害影响。通过收集与集中管理，雨污分流工程可以提高城市排水能力和改善生态环境质量，贮存的雨污水又被用作市政道路喷洒和景观浇灌，极大地缓解了部分城市水资源稀缺的问题。目前，中国的中山、南京、沈阳等城市都引入了大规模的雨污分流工程。

3. 东北亚地区低碳发展的重要性

东北亚地区是世界上最为发达的三大区域之一，是大国力量交汇之地。东北亚地区在政治、经济等领域上的发展对亚洲，乃至世界而言都将产生结构性的影响。东北亚地区也是温室气体和 CO_2 排放量的主要区域，要推进低碳发展战略实施以有效减缓全球气候变化，东北亚地区扮演着举足轻重的作用。

东北亚地区国家积极参与国际气候变化合作治理谈判，在达成《联合国气候变化框架公约》《京都议定书》等重要的国际性气候变化协约的进程中发挥着必

---

① "党的十八大以来习近平总书记关于生态工作的新理念、新思想、新战略"，求是网，2016 年 3 月 20 日。

② 其中包括：迁安、白城、镇江、嘉兴、池州、厦门、萍乡、济南、鹤壁、武汉、常德、南宁、重庆、遂宁、贵安新区和西咸新区。引自海绵城市大事记 [N]. 中国城市报，2016 – 01 – 04.

不可少的作用。2001 年，美国政府以《京都议定书》阻碍美国发展、有损国家利益和发展中大国必须承担相应的减排义务为由而拒绝批准通过，韩国绿党联合各国绿党组织共同抗议，日本三党执政联盟（自民党、公明党、保守党）向美国白宫发出劝解信，希望美国能够尽快批准《京都议定书》，为促进阻止全球变暖贡献出大国的力量。尽管最终美国政府还是没能批准这份协议，但在欧盟国家及日本、中国等的共同努力下，《京都议定书》得以生效。在近些年全球减排形势紧张的情况下，东北亚地区各国在推进减缓气候变化的工作实施上取得了丰硕的成果：2018 年中国的碳排放强度比 2005 年累计下降 45.8%①，提前完成在 2009 年哥本哈根气候大会上的减排承诺；日本在碳封存技术上取得突破性进展，成功捕捉 CO_2 并储存到海底；韩国积极开发可再生能源，逐渐优化能源消费结构；全球气候变化问题引起了俄罗斯政府的高度重视，逐步完善能源战略，可再生能源发电成为国家政策重点，积极建构多层次的节能领域计划体系及完善相关法律保障。

综上可知，深入推进东北亚地区和中国低碳发展战略实施势在必行，这对减缓全球气候变化具有十分重要的作用。

本书在简要介绍全球气候变化内容的基础上，分析东北亚地区气候变化问题及低碳发展进程，并详细分析中国东北老工业基地的低碳发展进程。

---

① "生态环境部：2018 年中国碳强度比 2005 年累计下降45.8%"，中国新闻网，2019 年 11 月 27 日。

第一篇

全球气候变化与低碳发展

　　全球气候变化是我们这个时代不可回避的挑战，严重影响着世界经济和社会的可持续发展。二氧化碳浓度急剧上升、全球升温、极端气候变化事件频发等由全球气候变化所带来的问题越发严重，如不采取及时且有效的应对措施，未来要想适应和减缓由气候变化所带来的影响将会付出更多代价。

　　尽管全球气候变化是地球外因素（太阳辐射变化）、地球内力因素（轨道参数变化）以及地球内部系统因素（厄尔尼诺现象、人类活动）等诸多因素共同影响的结果，但国际社会公认的是，人类活动的影响是全球气候变化最为主要的诱因，也是人类文明能够通过努力积极应对和缓解气候变化影响的因素。

第一章　全球气候变化

一、全球气候变化现状

联合国气候变化议题指出："气候变化是决定我们这个时代特点的问题，而我们正处于一个决定性的时刻。"[①] 气候变化在全球范围内造成了粮食威胁、气温上升、冰川消融、海平面上升、洪涝干旱自然灾害频发等严重的影响。

（一）二氧化碳浓度与气温变化

2019 年 5 月，美国斯克里普斯海洋研究所（Scripps Institution of Oceanography）的科研人员在莫纳罗亚气象台记录到大气中的 CO_2 浓度创下了历史新高，高达每立方米 415. 26 毫升；11 月 25 日，世界气象组织（World Meteorological Organization，WMO）发布了公报：2018 年全球 CO_2 浓度为 407.8ppm，相较上一年增长了约 2.3ppm，超过 2006~2016 年 10 年间的年平均增长幅度，大气中的 CO_2 浓度屡创新高，连年刷新近 300 万年来的纪录，其中这一增长的 82% 来源于过去 10 年间 CO_2 排放量的增长；联合国环境规划署（United Nations Environment Programme，UNEP）发布的《2016 年适应差距报告》对未来时期内气候适应成本进行了预估，报告指出，未来时期的适应成本将大幅上升；2019 年 11 月 26 日，UNEP 公布了年度《2019 年排放差距报告》，报告再发警报，从技术可行性的角度分析，认为要想成功将全球变暖控制在 2℃ 以内，各国必须至少付出 3 倍，甚至更大的努力；2019 年 6 月，欧洲多地持续高温热浪，法国南部受热浪大肆袭击影响，多个小镇刷新地方历史最高温度纪录；从 2019 年 9 月开始一直烧到次年 2 月的山火至少烧死了 5 亿只动物，燃烧所释放的 CO_2 排放量超过 3.5 亿吨，

[①]　https：//www. un. org/zh/sections/issues - depth/climate - change/index. html，访问日期：2020 年 2 月 20 日。

同时大量的森林林木被烧毁，而森林资源是非常重要的碳汇，能够吸收大气中的 CO_2 并制造 O_2，因此说森林被烧毁不利于实现温室气体减排目标。

（二）极端气候事件

极端气候事件是指在一定时期内，气候显著偏离其平均状态，大多数的学术研究以小于 5% 或大于 95% 的概率来确定极端气候事件。

根据联合国难民事务高级专员办事处 2016 年发布的消息，2015 年仅洪涝灾害一项极端气候事件就造成有将近 2 000 万难民，其中只有 1% 左右的难民得到了国内外政府的帮助安置；基督教援助（Christian Aid）[①] 发表报告，警告称受气候变化影响，到 2060 年，全球将有超过 10 亿城市人口会遭受到洪水威胁，包括休斯敦、伦敦、上海、雅加达等 8 个国际主要沿海城市更是有可能发生陆沉。

2019 年 12 月，德国观察（Germanwatch）[②] 发布了《2020 年全球气候风险指数》，报告量化分析了 1999～2018 年风暴、洪水、高温等极端气候事件对世界各国的风险影响指数，结果显示，2018 年日本受气候影响最为严重，在造成损害的众多因素中，热浪是主要原因之一，日本和德国 2018 年都长时间遭受到高温热浪的袭击；在统计时期内，气候风险指数最高的国家分别是波多黎各、缅甸和海地。该报告还指出，与发达国家相比，欠发达国家所受影响更大，在 2018 年受极端气候事件影响最严重的 10 个国家和地区中，有 7 个国家是低收入或中低等收入的发展中国家，两个国家属于中等收入国家。

（三）降水变化

不少学者对近百年来全球降水变化特征进行了研究，基于这些研究，总结发现，近百年来全球平均降水量没有显著的变化，但表现出了降水极端化的趋势，各国各地区出现了大量的陆地极端降水变化事件，干旱和洪涝事件明显增多[③]。

---

① Christian Aid 开创于 1945 年，由英国和爱尔兰的教会成立，旨在帮助第二次世界大战后的难民，70 多年来，该机构为世界各地的贫困社区提供了人道主义救济和长期发展支持，解决了不公正现象并维护了人民的权利。https://www.christianaid.org.uk/about-us/our-history。

② "德国观察"总部设在德国波恩，是一个致力促进发达国家和发展中国家之间在公平贸易和环境领域的合作，特别是在粮食和农业政策、气候变化和企业责任方面，实现全球可持续发展的独立环保机构，https://germanwatch.org/en，访问时间：2020 年 1 月 13 日。

③ 战云健. 近百年亚洲降水变化特征及其不确定性分析 [D]. 中国气象科学研究院，2018.

二、全球气候变化影响

由于气候变化具有强烈的外部性，这使得在全球气候变化的大背景下，没有任何一个国家和地区能够成为孤立王国，世界各国各地区都会或多或少的遭受到气候变化的影响，这种影响涉及国家社会经济发展各个方面。进入21世纪以来，由全球气候变化所导致的各种极端气候事件越来越严重，气象规律发生变化，海平面上升，大气中的温室气体浓度频频刷新历史新高。如不及时采取有效的行动，全球气候变化所导致的各种灾难性影响只会越来越严重，而受危害最大的则是那些中低等收入国家中最贫穷和最脆弱的人。

2010～2019年是有气温记录以来全球最温暖的10年，而且这种升温趋势仍将长期延续，最近6年全球地表平均温度连年上升。2020年2月初，在埃斯佩兰萨（Esperanza）研究基地监测到了南极18.3℃创纪录的超高温度；不过三天后，又在西摩岛（Seymour Island）监测到20.75℃的惊人高温，再次刷新南极地区的高温纪录，这是有史以来的最高温度，而南极常年平均温度在-25℃左右，2010年8月美国在南极地区的监测站监测到有记录以来的极端低温-93.2℃[①]。有学者利用农业生产和珊瑚礁生存对温度较高的敏感程度，对全球升温的影响进行了预估，结果表明，全球地表平均气温每上升1℃，世界粮食产量就会下降约5%；如果海水增温2℃，那么在全球海域将再难寻见珊瑚礁。此外，由此造成的海平面上升等问题严重威胁着不少岛屿国家和沿海城市的安全与未来。

全球大气中的二氧化碳浓度自人类文明诞生以来首次达到400ppm[②]，而且依据目前大气中的温室气体浓度和碳排放量年变化趋势来看，如若再不加快实现零排放目标，到21世纪末，全球升温幅度很有可能超过1.5℃，两极海冰将继续融化，海平面也将持续上升。有学者认为，即使现在就实现温室气体净排放量为零的目标，全球气候变暖的多方面效应也会持续数世纪之久。因此，需要各国各地区在生产、消费等各个方面共同努力。与《巴黎协定》提出的全球变暖限制在2℃以内的目标相比，1.5℃的目标更加合理，因为这样不仅明显有利于生态环境质量，还能促进社会经济发展，但《IPCC全球升温1.5℃特别报告》也指出当

---

① 2004～2016年，美国国家海洋和大气管理局（National Oceanic Atmospheric Administration，NOAA）极地运行环境卫星在南极冬季曾观测记录到-100℃的极端低温，但由于没有确凿的温度记录，此记录并未被学术界认可。

② 夏威夷监测站2015年的监测数据。

全球升温达到 1.5℃时，世界同样会遭受到由气候变化所带来的各种不利影响。表 1-1 列举了 20 世纪发生的严重污染事件。

表 1-1　　　　　　　　　　　20 世纪发生的严重污染事件

序号	事件名称	事件对象
1	1930 年马斯河谷烟雾事件	比利时马斯河谷工业区有炼油厂、金属厂、玻璃厂等许多化工厂，1930 年 12 月 1~5 日的几天里，河谷上空出现了很强的逆温层，致使 13 个大烟囱排出的烟尘无法扩散，大量有害气体积累在近地大气层，对人体造成严重伤害。一周内有 60 多人丧生，其中心脏病、肺病患者死亡率最高，还有许多牲畜死亡，这也是 20 世纪最早记录的公害事件之一
2	1952 年伦敦烟雾事件	自 1952 年以来，伦敦发生过 12 次大的烟雾事件，罪魁祸首是燃煤排放的粉尘和二氧化硫。烟雾造成了所有飞机停飞，汽车白天开灯行驶，行人走路都困难，呼吸疾病患者数量猛增。1952 年 12 月 4~8 日，就有 4 000 多人死亡，随后的两个月内又有 8 000 多人继续死于呼吸系统疾病，此后的 1956 年、1957 年和 1962 年又连续发生了多达 12 次严重的烟雾事件，直到 1965 年后，有毒烟雾才从伦敦销声匿迹
3	1968 年日本米糠油事件	起初，几十万只鸡食用有毒饲料后死亡，人们并没有深究毒的来源，随后在北九州一带超过 13 000 人受害，这才引起政府的关注，后来的调查发现，这是由于食物被含有多氯联苯的米糠油所污染而造成的，最开始病患眼皮发肿，全身起红疙瘩，接着肝功能下降，全身肌肉疼痛，咳嗽不止
4	1970 年北美死湖事件	美国东北部和加拿大东南部是西半球工业最发达的地区，每年向大气中排放二氧化硫就有 2 500 多万吨，其中约有 380 万吨从美国飘到加拿大、100 万吨从加拿大飘到美国。1970 年开始，这些地区出现了大面积的酸雨区，致使美国 23 个州的 17 059 个湖泊中有 9 400 个酸化变质，最严重的弗吉尼亚州酸性降雨 pH 值只有 1.4
5	1978 年卡迪兹号超级油轮事件	1978 年 3 月 16 日，美国载重 22 万吨的超级油轮"卡迪兹号"，在伊朗满载原油向荷兰鹿特丹驶去，航行至法国布列塔尼海岸时触礁沉没，漏出原油 22.4 万吨，导致 350 公里长的海岸带被严重污染，据估计，仅牡蛎就死亡 9 000 多吨，海鸟死亡 2 万多吨，此次海事本身损失 1 亿多美元，后期赔偿损失及治理费用超过 5 亿美元，而给被污染区域的海洋生态环境造成的损失更是难以估量，这也是海洋资源与环境学习中的重要案例
6	1984 年印度博帕尔事件	1984 年 12 月 3 日，位于印度博帕尔市的美国联合碳化物公司农药厂因管理混乱、操作不当等原因，致使地下储罐内含有剧毒性的甲基异氰酸脂爆炸外泄，45 吨毒气形成了一股浓密的烟雾，以每小时 5 000 米的速度袭击了整个市区，数百人在睡梦中死去，最终在这一污染事故中，有 15 万人因受污染危害而进入医院就诊，事故发生 4 天后，受害的病人还以每分钟一人的速度增加，这次事故还使 20 多万人双目失明

续表

序号	事件名称	事件对象
7	1986 年切尔诺贝利核泄漏事件	1986 年 4 月 26 日凌晨，由于管理不善和操作失误，位于苏联乌克兰基辅市郊的切尔诺贝利核电站的 4 号核反应堆爆炸起火，大量放射性物质泄漏并迅速蔓延，在西欧各国及世界大部分地区都监测到了核电站泄漏出的放射性物质，辐射剂量超过正常情况的 100 倍，尽管当时看起来后果并不是特别严重，31 人死亡，237 人重伤，但在随后的 20 年内，有近 3 万人因此患上癌症，基辅市和基辅州的中小学生全被疏散到其他城市，核电站周围的庄稼全被掩埋，根据统计，至少收了 2 000 万吨粮食，由于核物质强烈的辐射性，距电站 7 公里内的树木全部死亡，而且保守估计，方圆 10 公里内至少在此后半个世纪内都无法耕作放牧，核污染飘尘给邻国也带来严重灾难
8	1986 年莱茵河污染事件	1986 年 11 月 1 日深夜，位于瑞士巴塞尔市的桑多斯化工厂仓库失火，装有 1 250吨剧毒农药的钢罐爆炸，近 30 吨剧毒性硫化物、磷化物硫、磷、汞等毒物随着百余吨灭火剂流入下水道，以每小时 4 千米速度顺流而下，瑞士、德国、法国、荷兰四国沿途 835 千米的沿岸城市均被污染，150 千米内的 60 多万条鱼被毒死，500 千米以内河岸两侧的井水不能饮用，几十吨含有汞的物质流入莱茵河，11 月 21 日，德国巴登市的苯胺和苏打化学公司冷却系统故障，致使 2 吨农药流入莱茵河，河水含毒量超标 200 倍

资料来源：笔者根据相关资料整理，http://www.myzaker.com/article/59058a831bc8e05432000043/。

第二章　气候变化国际会议

自 20 世纪 90 年代以来，全球气候变化得到了世界各国的重视，多年来在各国政府的共同努力下，逐渐制定了多部国际性法律文书，包括这些年来全球气候变化谈判的总体性框架，及世界上第一份具有法律效力的全球气候变化方面的适用性法案。

一、联合国气候变化大会暨《联合国气候变化框架公约》缔约方大会（COP）

（一）《联合国气候变化框架公约》

《联合国气候变化框架公约》（United Nations Framework Convention on Climate Change，UNFCCC）（以下简称《公约》），于 1992 年 5 月 9 日正式通过，这是人类文明史上第一个具有标志性的气候变化全球性公约，也是当今世界各国国际合作的基本框架。《公约》依据共同但有区别责任的原则，制定了发达国家和发展中国家在应对全球气候变化方面的责任及实施程序：尽管发达国家率先实现了工业化，但与此同时，大量排放的温室气体对生态环境造成了不可逆转的破坏，因此有必要在采取具体措施减排之外，提供专项资金以支持发展中国家降低温室气体排放量，而发展中国家只需要向联合国大会提供源与汇的国家清单及相关减排措施。

《公约》根据应对气候变化的责任大小将所有缔约国大略分为两大类：附件一国家主要指经济合作与发展组织（Organization for Economic Cooperation and Development，OECD）成员中的工业化国家及经济转型国家，如俄罗斯联邦和部分中东欧国家；非附件一国家则主要是指广大发展中国家。我国属于发展中国家，在公约中被归为非附件一国家。

（二）《京都议定书》

在欧盟的大力推广下，1997 年京都气候变化大会（COP3）签订了《京都议定书》。作为《公约》的补充，《京都议定书》旨在抑制全球变暖问题进一步加剧，使人类免受威胁。在发达国家减排问题上，《京都议定书》与《公约》最大的不同在于前者强制性要求发达国家减排，具有法律约束力，而后者只是鼓励性质。

> 为加快实现温室气体减排的目标，《京都议定书》还引入了三种灵活性履约机制：
>
> （1）以允许发达国家与发展中国家之间转让与获得项目节能量和减排量抵消额，从而发达国家能够在发展中国家实施温室气体减排的项目为核心的清洁发展机制（clean development mechanism，CDM）；
>
> （2）在监督委员会的监督下，发达国家各缔约方可以在分配排放限额内通过项目级的合作将其所实现的排放减量单位（emission reduction unit，ERU）核证和转让给其他缔约方发达国家成员的联合履约机制（joint imple-mentation，JI）；
>
> （3）以允许发达国家之间通过成本有效的方式相互交易碳排放额度为核心的国际排放贸易机制（international emissions trading，IET）。

《京都议定书》是人类文明诞生以来首次通过法规条例的方式来限制温室气体排放，议定书的减排目标是对此阶段全球主要工业发达国家总体性减排目标做出规定，但各国的减排目标有所不同；《京都议定书》第二承诺期于 2013 年正式开始，2020 年底结束，但从目前各国温室气体的排放趋势来看，实现第二承诺期的减排目标还存有较大的难度。

2001 年 3 月美国政府决定退出《京都议定书》；2002 年，欧盟及其成员国正式核准；中国政府于 2002 年 8 月核准《京都议定书》；2004 年获得俄罗斯政府的正式批准，这也使得议定书门槛条件得到满足①，并于 2005 年 2 月开始正式生效；继美国之后，加拿大于 2011 年宣布放弃实施《京都议定书》的相关规定。

---

① 《京都议定书》需要在占全球温室气体排放量 55% 以上的至少 55 个国家批准，才能成为具有法律约束力的国际公约。

《京都议定书》允许各缔约国采取以下四种减排方式：

（1）两个发达国家之间可以进行排放额度买卖的"排放权交易"，即难以完成削减任务的国家，可以花钱从超额完成任务的国家买进超出的额度；

（2）以"净排放量"计算温室气体排放量，即从本国实际排放量中扣除森林所吸收的二氧化碳的数量；

（3）可以采用绿色开发机制，促使发达国家和发展中国家共同减排温室气体；

（4）可以采用"集团方式"，即欧盟内部的许多国家可视为一个整体，采取有的国家削减、有的国家增加的方法，在总体上完成减排任务。

（三）"巴厘岛路线图"

2007年12月，巴厘岛气候变化大会（COP13－CMP3）经过艰难且激烈的讨论后终于达成"巴厘岛路线图"，此外，"双轨"谈判机制的确立成为本次大会的重要亮点之一，即《京都议定书》签署发达国家要严格履行相关规定，承诺在《京都议定书》第一承诺期到期后大幅度降低温室气体排放量，以及发展中国家和未签署发达国家要在《公约》框架下进一步采取有关措施应对全球气候变化。保证此机制的有效执行，有利于通过《哥本哈根协议》以接替《京都议定书》，指导各国行动安排。

"巴厘岛路线图"首次将拒绝批准《京都议定书》的美国强硬地纳入全球减排谈判进程中来，美国代表一开始强烈抵制制定减排目标，但最终在欧盟等缔约方的强硬态度①下，美国最终还是选择了接受。

此外，"巴厘岛路线图"还强调应当足够重视适应气候变化、技术开发与转让和专项资金这三个过去极其被各国忽视的问题，因为这正是大多数发展中国家减排的难点和要点所在。因此，有媒体将此称为"遏制全球气候变化、拯救地球的路标"。

（四）《哥本哈根协议》

2009年12月7日起，各缔约方与会代表们齐聚丹麦哥本哈根，就2012年后的减排行动方案与措施展开了激烈的讨论，欲协商通过在未来时期内能够指导各

---

① 欧盟等缔约方代表强硬地表示，如若美国一再反对，那么可能会团结起来抵制美国计划在2008年1月召开的主要经济体气候变化会议，并在一定程度上做出了妥协。

国行动的新协议。因此，此次会议在召开前被公众认为其结果能够对未来全球气候变化走向产生决定性的影响。

尽管各国政府、学者、媒体和民众都对达成《哥本哈根议定书》抱有很大的期待，但结果很遗憾，此次会议仍然没能有效化解各缔约方间，尤其是发达国家和发展中国家阵营之间的分歧，各方代表彻夜谈判，最终还是没能达成具有法律约束力的国际公约，因此，外界对这个结果普遍表示失望，甚至有代表认为这是一次失败的会议。

但从国内外学者对此次大会的解读来看，哥本哈根气候变化大会并不是毫无收效：首先，为达成全球行动新协议，包括印度尼西亚、墨西哥、巴西在内的多个非附件一国家陆续公开承诺了自愿减排目标，最为重要的是，美国和中国先后向国际社会承诺了国家减排目标：相较 2005 年，到 2020 年美国的温室气体排放量降低 17%，而中国的碳排放强度要下降 40% ~ 45%；然后，作为"巴厘岛路线图"谈判进程中预估重要成果，《哥本哈根协议》决议延长"巴厘岛路线图"的授权，为今后达成一致性协议奠定了良好的基础。

（五）《巴黎协定》

在 2015 年巴黎气候变化大会（COP21 - CMP11）上通过的《巴黎协定》为 2020 年《京都议定书》第二承诺期到期后做出气候治理合作的新安排，推动形成全球气候治理新格局。

2016 年 4 月 22 日，《巴黎协定》正式对外开放签署，同年 9 月 3 日，正式获得中国政府的批准；纽约时间 9 月 21 日，《巴黎协定》生效所需的两大门槛均得到满足；10 月 5 日，时任联合国秘书长潘基文（Ban Ki-moon）表示，《巴黎协定》生效所需的两个门槛均已实现；叙利亚代表在德国波恩市召开的 2017 年联合国气候变化大会（COP23 - CMP13）上表示叙利亚将尽快批准签署《巴黎协定》；2019 年 11 月 5 日，美国以《巴黎协定》不利于美国发展而依协定要求开始正式启动退出进程。

《巴黎协定》由 29 条具体内容构成，包括目标、资金、技术、透明度、全球盘点等重要内容。依据该协定，发达国家应当承担起大国历史责任，积极作为；发展中国家则要立足于各国国情继续努力并逐渐实现减排目标。有学者认为《巴黎协定》最大的贡献就是划分了世界各国的减排目标，从经济学的角度来看，协定强调了各缔约方"自主贡献"，积极推动经济增长方式绿色可持续发展，在技术层面上，不断优化低碳技术和提高能源使用效率，促进资本向绿色能源、低碳经济等领域倾斜。

　　虽然《巴黎协定》明确了《京都议定书》第二承诺期到期后的全球应对气候变化行动方向，但这仍然是一份"不完美的协定"，各缔约方仍需继续努力，在维护气候公正的道路上各方只是站在气候谈判进程的"历史新起点"上，要想实现应对气候变化和可持续发展的目标依旧任重而道远。尽管如此，各方仍然对《巴黎协定》的达成予以了积极评价，印度代表认为它代表着全世界 70 亿人民的希望。

（六）最近几年气候大会总结

　　2010 年 11 月 29 日，联合国坎昆世界气候大会（COP16 - CMP6）在墨西哥举行，但大多数政府代表、媒体和公众普遍对此次大会持悲观态度，多国领导人纷纷缺席，最终因发达国家与发展中国家阵营间分歧难以调节，大会缺乏亮点，但在成本、技术转让等方面取得了一定的进展。

　　由于在与会气候基金和《京都议定书》第二承诺期期限等问题上难以达成一致意见，原定于 12 月 9 日闭幕的 2011 年联合国德班世界气候大会（COP17 - CMP7）拖延到 11 日才结束，经过这次"马拉松"式的谈判，大会通过了 4 份"并不完美的里程碑式"的协议。大会上，由中国、印度、巴西和南非四国构成的"基础四国"接连对发达国家所谓的减排发起质疑，来自印度的代表贾扬蒂·纳塔拉詹更是在大会发言时表达了强烈的反对与不满，纳塔拉詹直呼："应对全球气候变化不能忘记公平原则。发达国家不但没有承担起应尽的减排责任，反而对印度施加约束，公平何在？"中方代表解振华同样怒斥了发达国家的不作为。

　　2019 年 12 月 13 日，为期 12 天的联合国马德里气候变化大会（COP25 - CMP15）正式落下帷幕，大会主要关注了各国应对全球气候变化的落实情况，其中的一个重要目标是推动《巴黎协定》第 6 条内容在各缔约方之间深入落实。

二、联合国气候行动峰会

　　为支持各国在《巴黎协定》相关实施条约方面所作的努力，增强国际社会应对全球气候变化行动信心，来自政府、金融界等各界的世界领导人受联合国秘书长邀请，出席了 2019 年首届联合国气候行动峰会。

　　联合国秘书长安东尼奥·古特雷斯（António Guterres）在大会上表示各国应当以科学和《巴黎协定》全球框架为基础，力争在《京都议定书》第二承诺期截止前提升国家自主贡献，同时他还指出应当将能源转变、气候融资与碳定价等

行动作为优先方案。联合国常务副秘书长提贾尼·穆罕默德－班德（Tijjani Mu-
hammad－Bande）表示，峰会提出要推动全球能源消费结构清洁化，减少环境污
染；要倡导更加清洁、更加绿色的生产生活方式，既要保护环境，又要最大限度
地发挥生态系统在应对气候变化问题方面的潜力；要加快关键行业向绿色低碳经
济转型。

中国与新西兰经过共同协商，提出了基于自然的解决方案（nature based so-
lution，NBS）[1] 这一行动领域，根据目前全球气候变化的趋势及此次峰会前世界
气象组织（World Meteorological Organization，WMO）所发布的新气候报告——
《科学中的联合》（*United in Science*）的内容来看，要想实现控制全球升温幅度的
气候目标，各方还需要付出更多努力，加快碳排放源与汇的调整与控制，基于自
然的解决方案（nature based solution，NBS）在应对全球气候变化问题上的作用
逐渐得到了更多国家的重视，报告估计，这一行动方案有助于我们完成 2030 年
减排目标的 1/3，并有超过 66% 的概率完成限温目标。

三、联合国青年气候峰会

作为世界气候变化大会的特别会议，2019 年 9 月，首届联合国青年气候峰会
（Youth Climate Action Summit）吸引了包括瑞典青年气候活动家格雷塔·桑伯格
（Greta Thunberg）[2] 在内的来自 140 多个国家和地区超过 1 000 名青年齐聚美国纽
约联合国总部，同全球领导人一起探讨全球气候变化问题。在峰会上，致力于这
一时代性的重要议题的各位青年活动者们在各个行动领域里展示与交流他们的行
动和解决方案。本次峰会的成果——《青年纲领》和《行动现在纲领》被纳入
气候峰会当中。此次峰会创新性地开启了青年和决策者之间的对话，让青年发
挥出他们应当承担的主导作用，鼓励人们采取行动应对气候变化，联合国报告
显示，目前全球青年人数量约占总人口的 23%[3]，我们应该高度重视青年人既
是气候变化的最直接的受害者，又是探索世界可持续发展不可被忽视的主要
力量。

---

[1]　国际自然保护联盟（International Union for Conservation of Nature，IUCN）对 NBS 的定义是"保护，
可持续管理和恢复自然或经改造的生态系统的行动，这些行动可以有效和适应性地应对社会挑战，为人类
带来福祉和生物多样性的收益"。

[2]　格雷塔·桑伯格因在 2019 年联合国马德里气候变化大会上发表"为气候罢课"的演讲而获得当
年诺贝尔和平奖提名。

[3]　世界青年报告：全球 12 亿青年人对 2030 年议程至关重要，新华网，2019 年 2 月 2 日。

第三章　主要大国态度及国际合作

一、主要国家的态度

（一）中国

中国代表在第一届联合国人类环境会议上表达了对美国不顾国内外舆论大肆使用化学武器和毁灭生物、毒化环境等污染和破坏环境等行为的极度不满，同时还表示，愿意向世界各国学习一切好的经验；1992 年 11 月《公约》签署不过半年，就在国内得到了全国人民代表大会的批准，并于次年 1 月正式向联合国秘书长提交了批准书。1994 年 3 月 21 日，《公约》生效条件得到满足首日就正式对中国生效；1998 年，中国政府正式通过了《京都议定书》，并在 4 年后向联合国秘书长交存批准书；2004 年，中国如约履行了《公约》所规定的相关责任，并于 2007 年 6 月制定并颁发了《中国应对气候变化国家方案》，方案全面总结了近百年来中国气候变化现状；2007 年 12 月 15 日，在中国及欧盟国家等的共同努力下，COP13 终于通过了"巴厘岛路线图"，在此次大会中，本着大国的历史责任担当，中国承诺会承担起相应的责任；2016 年，中国正式批准加入《巴黎协定》的文书，并随后提交联合国秘书长，成为第 23 个加入《巴黎协定》的国家。

根据统计，1990～2009 年，中国的碳排放强度降低了 55%，降低幅度将近是 30% 的发达国家平均水平的两倍，更是远远超过 15% 的世界平均降低幅度①。中国不仅是达成应对全球气候变化新协议的推动者，更是积极作为者和贡献者。

---

① 数据结果根据英国石油公司（BP）统计资料计算所得。

（二）伞形集团国家

伞形集团国家主要是指美国、日本、加拿大、澳大利亚等同欧盟国家明显持有不同气候变化立场的《公约》缔约方中的发达国家，因这些国家在地图上的分布位置就像一把"雨伞"，故而得名。在温室气体减排的重要议题上，伞形集团国家的中期减排目标远低于《京都议定书》规定的减排幅度，且这些国家要求必须对发展中国家相对的减排目标加以约束，减排是他们必须履行的义务，而不是努力目标。

据统计，2018 年美国有 327 167 434 人（此数据来自联合国人口司和美国人口普查局），仅占全球人口总数的 4.38%，但全年温室气体排放量在全球占比约为 25%，2014 年人均 CO_2 排放量超过 16.50 吨，远远高于 4.98 吨的世界平均水平[①]。

尽管从 20 世纪 70 年代开始，美国就意识到了气候变化问题的重要性，美国政府应对气候变化的政策也是几经反复，数次变化。1992 年威廉·杰斐逊·克林顿（William Jefferson Clinton）第一时间就批准了《公约》，就气候变化问题进行了专门讨论，还陆续公布了《能源政策法》和《全球气候变化国家行动方案》，方案指出，要将 2000 年的温室气体排放量降到 1990 年的水平。1998 年美国政府曾签署了《京都议定书》，但对应对全球气候变化问题持有悲观消极态度的乔治·沃克·布什（George Walker Bush）在上任后就以《京都议定书》条约不符合美国国家利益为由，宣布单方面退出《京都议定书》；随后，美国政府公布了"无悔"政策，说明美国退出《京都议定书》的行动不是不愿意承担减排任务，而是要求发展中国家也应当承担减排任务；年底，美国政府颁布了《晴朗天空和全球气候变化行动》，进一步表明了美国并不拒绝减排。2007 年，在联合国巴厘岛世界气候大会（COP13 - CMP3）上，美国一度因坚持发展中国家必须承担起应尽的减排义务而不愿签字，但在欧盟等缔约方的威胁下，最终还是无奈签字通过了"巴厘岛路线图"。2008 年，在洛杉矶全球环境峰会上，美国总统贝拉克·侯赛因·奥巴马（Barack Hussein Obama）表示支持控制温室气体排放总量和建设碳排放交易体系。

奥巴马执政期间，美国在应对全球气候变化议题上执行的气候政策从一般性程度上升到了战略性的高度，气候变化也被奥巴马作为仅次于经济振兴的重点政

---

① 引自美国田纳西州橡树岭国家实验室环境科学部二氧化碳信息分析中心发布的数据（Carbon Diox-ide Information Analysis Center, Environmental Sciences Division, Oak Ridge National Laboratory, Tennessee, United States）。

策领域，在其领导下，美国发起和参与了包括可再生能源和能源效率伙伴关系计划（Renewable Energy and Energy Efficiency Partnership，REEEP）、亚太清洁发展和气候新伙伴计划（Asia Pacific Partnership on Clean Development and Climate，APP）等在内的一系列多边气候变化合作伙伴关系。美国与其他缔约方代表关于发展中国家是否应当切实承担温室气体减排的义务有所区别，以欧盟为代表的一些国家认为发展中国家应该努力降低温室气体排放量，但不是义务，而以美国为引领的伞形集团国家则始终坚持，减排必须作为发展中国家的硬性要求来实施。在气候变化相关政策与法案方面，仅在 2007 年颁发的文件就有 10 多个；2009 年6 月，涵盖 85% 的行业和领域的《美国清洁能源与安全法案》一经发布就引起了美国国内社会的关注，被给予很高的评价，但在国际社会上并未被看好；2013 年 1 月，美国发布了《美国国家气候评估（草案）》，再次强调了气候变化对美国社会造成的巨大影响；美国国内高度重视通过低碳技术发展、能源利用技术改进及清洁能源开发等方式实现减排目标。

由于地理位置不足与自然资源紧张等诸多不利因素的限制，自古以来日本就把培养国民节约能源的意识作为关注重点，另外在能源技术和清洁能源开发方面都名列前茅。自 20 世纪 70 年代"公害事件"发生以来，日本就已开始注重发展循环低碳经济，开展节能技术和开发新能源以代替传统化石能源。虽然日本的温室气体排放总量很高，但相比大多数工业国家，其人均排放量和碳排放强度都要低得多。

1968 年，由于长期主要承接煤炭资源采掘、钢铁、机械等重化工业，导致在享受经济高速发展所带来的福利的同时，北九州市也成了日本国内环境污染最为严重的地区，被外界称为"灰色城市"，这引发了日本当局对能源结构和环境保护的高度重视。由于日本是个岛屿国家，这使得因气候变化所带来的海平面上升严重威胁着国家安全，日本整个国家都面临着陆沉的威胁。据日本媒体《每日新闻》报道的消息，随气候变暖问题愈发严重，数十年过后，日本海域或将无法再生产出海带，25 年间海带产量减产幅度超过 50%，其他海产品同样面临着或大或小的生产危机，英国广播公司（BBC）报道认为，气候变化问题正将日本推向粮食危机。

应对气候变化被定位到战略地位的高度，始终坚持环境质量与经济发展和谐统一。日本早在 1993 年就充分认识到了全球气候变化的重要性，并将其写入环境法；1998 年，日本政府组织编写并颁布实施了《地球温室化对策推进大纲——面向 2010 年的地球温室化对策》，明确定义了地球温室化是与人类生存基础相关的最重要的环境问题之一，并对国家、地方公共团体、事业者及国民职责进行了详细划分；2009 年，日本制定了中长期减排目标，并为此颁布了《全球气候变暖对策基本法（法案）》以落实国家相关主体的职责和具体措施等。

澳大利亚在应对全球气候变化问题上不论是在国内还是国际层面的表现都同样令人失望[1]，《2020 年气候变化绩效指数》（*Climate Change Performance Index 2020*）报告甚至直言，莫里森（Morrison）领导的政府是国际上的"倒退力量"。而近日频繁发生的极端气候事件——由"破坏性的"高温热浪所引起的森林大火连续烧了四个多月，随之而来的又是暴雨袭击，这都给澳大利亚政府敲响了警钟，澳大利亚需要制定一系列完善的气候政策，更需要强有力的行动。

澳大利亚在应对全球气候变化的行动上同执政者态度具有明显的关系：澳大利亚在鲍勃·霍克（Bob Hawke）和保罗·约翰·基廷（Paul John Keating）执政期间，高度重视应对全球气候变化问题，并在积极推进全球气候变化合作框架方面贡献出了国家力量与国家智慧。1988 年，作为积极倡导者，澳大利亚参加了世界上第一场以全球变暖为核心议题的会议，会议达成了各国要控制温室气体排放总量在 1988 年 80% 左右的"多伦多目标"；1 年后，这一目标得到霍克政府的正式批准，澳大利亚成为最先重视气候变化问题的几个国家之一；1991 年，霍克退出内阁后，基廷上台，此时澳大利亚政府在应对全球气候变化问题上的积极性有所下降，但仍然是气候变化问题上的主导者，基廷领导的政府率先批准了《公约》；随后，在约翰·霍华德（John Howard）执政期间（1996～2007 年），澳大利亚政府的态度明显变得相当消极，也就是在这个时期，加入了所谓的伞形国家集团，霍华德认为《京都议定书》有损澳大利亚国家利益，因而拒绝签署议定书；凯文·迈克尔·拉德（Kevin Michael Rudd）和朱莉娅·艾琳·吉拉德（Julia Eileen Gillard）执政时期，澳大利亚再次迎来在全球气候变化议题上的新曙光，拉德高度重视气候问题，也积极落实其在大选中所表示的气候变化是全球最大的安全威胁这一观点，他执政过后签署的第一份官方条令就是此前被霍华德所拒绝的《京都议定书》，这也表明了拉德及政府的决心；2010 年吉拉德执政后，各类极端气候事件在澳大利亚境内频发，这加强了她要采取进一步行动遏制气候变化对澳大利亚造成更大影响的信心；随后上台的托尼·阿博特（Tony Abbott）是气候变化怀疑论者，他否认气候变化问题的严重性，这也使得他在竞选中丧失议席；马尔科姆·特恩布尔（Malcolm Turnbull）在 2015 年 9 月至 2018

---

[1]　引自新气候研究所（New Climate Institute，NCI）、气候行动网络（Climate Action Network International，CAN）和德国观察等日前联合发布的《2020 年气候变化绩效指数》（*Climate Change Performance Index 2020*）。

年 8 月期间担任澳大利亚总理，特恩布尔在应对全球气候变化问题上积极作为，批准通过了《巴黎协定》，为《巴黎协定》达成生效的两大门槛做出了较大的贡献；斯科特·莫里森（Scott Morrison）上任过后积极援助太平洋岛国应对全球气候变化问题，他也承诺开始大范围植树绿化，但莫里森始终否认森林大火和干旱等自然灾害与气候变化有关。

（三）欧盟国家

欧盟一直试图构建起气候变化治理国际合作框架。《公约》的顺利签署，离不开欧盟这个"领导者"的积极贡献。1952 年 12 月，英国伦敦遭遇到了严重的烟雾事件，据不完全统计，在大雾最为严重的 5 ~ 9 日短短 5 天的时间内，丧生人员数量超过 5 000 人；直到 1965 年伦敦才算走出烟雾污染笼罩的阴影。可怕的是，在欧洲，伦敦所遭遇的烟雾事件并不是个例，在享受着工业化革命带来经济水平高速发展的福利的同时，欧洲多个城市出现了严重的环境污染现象，这使得欧盟各成员国开始高度重视气候变化和环境保护问题，欧洲民众也开始注重环保意识的培养。

1962 年，《寂静的春天》一经出版就得到了国际社会的广泛关注，蕾切尔·卡逊（Rachel Carson）在书中呼吁公众应当了解真相并针对现状做出行动，关注环境、保护环境是每一个公众都应该切实行动的事情；罗马俱乐部出版的《增长的极限》高度强调人类不能忽略环境资源的容量限度问题；1987 年，欧盟（当时还叫作欧共体）基于《罗马条约》为环境保护政策奠定了法律基础；在欧盟的积极推动下，联合国大会终于在 1992 年 5 月 9 日通过了《公约》，《公约》也是当今世界各国进行气候谈判的整体性框架；随着 1995 年瑞典和芬兰两个环保先锋国家加入欧盟，逐渐形成了一个新的环境问题决策合作格局；1997 年 12 月，在欧盟的引导下，在日本京都举行的气候大会（COP3）经过激烈的讨论后，最终通过了《京都议定书》，议定书所引入的清洁发展机制截至目前仍然是欧盟内的减排机制之一；次年，欧盟各国代表共同签署并发布了《欧盟关于气候问题战略》；为扛起应对全球气候变化行动的大旗，自 2007 年开始欧盟就提出了"20 – 20 – 20"行动[①]；2009 年，欧盟在应对全球气候变化行动既有的"减缓气候变化"的基础上，又提出了"适应气候变化"这一重要的关键词，并在随后出台了《适应气候变化白皮书》。

---

① "20 – 20 – 20"行动，即到 2020 年温室气体排放量在 1990 年的基础上降低 20%、可再生能源在能源消费结构中的占比提高到 20%、能源效率提高 20%。

为联合国际力量以共同应对全球气候变化行动，欧盟始终努力作为并采取切实有效的系列措施。有学者认为，这是欧盟试图在此问题上掌握住气候话语权，在全球气候变化问题早已演变为集"经济问题""政治问题""伦理问题"等多种问题于一体的复杂的综合性问题的这个时代，欧盟欲通过这种方式重塑大国领导者的形象。

二、大国间合作

（一）中美气候变化合作

作为世界上温室气体排放量最多的两个国家，由于具体国情和利益代表诉求截然不同，中国和美国一直都是以争论为主，始终难以达成合作，但 21 世纪以来，中美两国在气候与环境问题上逐渐开始有了合作往来。

2013 年 4 月，时任美国国务卿约翰·福布斯·克里（John Forbes Kerry）刚换届上台后就访华，并签署了《中美气候变化联合声明》，声明高度关注日益加剧的全球气候变化问题对双方的严重危害，以及现在全球应对的努力与行动远远不足问题，并提高了气候变化合作事务的优先等级；随后又专门成立了气候变化工作组，以推进双方在技术、可再生能源等多领域开展合作工作；两国元首在《中美气候变化联合声明》（2014）中强调双方将继续加强气候变化合作，积极推动在碳捕捉和封存技术、可再生能源等方面的合作，更为重要的是，美国此前拒不给出任何具体减排指标承诺，但在这份声明中，美国首次公布了减排目标，同时，中国也表示到 2030 年要实现二氧化碳排放量达峰，这解决了过去多届联合国世界气候变化大会一直尝试谈判而又未曾谈成的大事；2015 年 6 月 23 日，气候变化工作组呈递了第七轮报告，报告强调了两国实现低碳经济转型的强烈意愿，并总结了工作组迄今所取得的工作成果，倡议双方在"八大领域"① 继续深化合作；次年，两国元首在《中美元首气候变化联合声明》中肯定双方在应对全球气候变化行动上的共同努力之外，还表示将于近日采取切实步骤，力争在年底前签署加入《巴黎协定》，并呼吁《公约》各缔约方一同努力。

能源合作一直是中美两国的合作重点：在 2000 年 5 月签署的文件《中美环

---

① 八大领域是指中美气候变化工作组所覆盖的中美双方主要经济部门的八个领域：载重汽车和其他汽车减排、智能电网、碳捕集利用和封存、建筑和工业能效、温室气体数据收集和管理、气候变化和林业倡议、气候智慧型/低碳城市、工业锅炉效率和燃料转换。

境与发展合作联合声明》（*US-China Joint Statement on Environment and Development Cooperation*）中，明确指出了双方气候合作的领域；2008 年双方明确清洁能源为优先合作领域；12 月，双方又建立了"绿色合作伙伴计划"平台，以加强清洁能源技术开发；2009 年 9 月，中美能源合作项目（US – China Energy Cooperation Program，ECP）在时任中国国家主席胡锦涛和时任美国总统奥巴马的大力支持下正式成立，工作组致力于推动两国在可再生能源领域的商业合作和市场开拓等；11 月，奥巴马访华期间，中美双方达成谅解备忘录，将 ECP 作为中美双方能源合作的重要合作平台；2015 年 9 月，第一届中美气候领导峰会正式拉开了序幕，有利于进一步推进中美合作应对气候变化。

（二）中欧气候变化合作

中国和欧盟一直在试图构建起全球气候变化国际合作框架，努力推动《公约》各缔约方共同努力战胜气候变化的威胁。作为一个国家联盟，欧盟在《公约》和《京都议定书》的签署过程中扮演着至关重要的作用，中国作为世界上最大的发展中国家，始终坚持为广大发展中国家发声。

《公约》和《京都议定书》是双方气候合作的原则与基础，双方高度重视技术合作，市场驱动力逐渐成为合作的重要驱动力，从合作层次来看，中欧气候变化伙伴关系已由最初的单向援助转向多层次跨领域合作发展。

中欧气候变化伙伴关系最初出现是在 1998 年欧盟对华的"第二份沟通文件"上，欧盟表示只要中国承诺应对环境挑战，那么欧盟愿意为中国提供援助；2001年，气候变化合作仍然只是被作为附属议题列入对华政策文件中；2003 年，欧盟对华政策文件高度重视中欧气候变化合作，认为双方合作应当超越双边援助的范畴，纳入国际合作视角中，并为之努力；双方在 2005 年 9 月 5 日召开的北京峰会上正式建立起"气候变化伙伴关系"，这意味着双方此前由政府主导的单向援助的环境合作状态彻底结束了，"气候变化伙伴关系"建立后，双方合作领域显著扩展，市场驱动的作用逐步增强。

2006 年的中欧峰会，双方表示要紧密合作，并明确了双方在清洁能源、低碳技术开发、气候变化意识等领域继续深化合作，促进近零排放项目（near zero emission coal，NZEC）和清洁发展机制成为工作计划的主要项目目标；2016 年签署了《中欧能源合作路线图》，路线图就能源市场、节能与清洁能源等领域合作进行了探讨；2016 年 10 月，在中欧双方积极推动下，经过 7 年无数次激烈讨论，最终签署了《蒙特利尔议定书（基加利修正案）》（*Montreal Protocol on Substances that Deplete the Ozone Layer*），该协议被国际社会视为继《巴黎协定》过后具有里程碑式意义的文件；2018 年 7 月 16 日，双方共同承诺在未来时期内，将在低碳战略、碳排放交易、清洁能源、低碳城市合作、气候和清洁能源项目投资等方面保持长期合作。

（三）南南合作

在应对全球气候变化行动的议题上，由于大多数发展中国家还处于工业化进程，经济增长质量较低，且在很大程度上依赖于消耗大量的传统化石能源，经济增长是广大发展中国家的长期发展目标，因而《京都议定书》对发展中国家温室气体减排的要求只是各国依据各国具体情况，尽可能努力减排，而不是像发达国家那样强制要求他们减排，这就导致了在非强制减排的议题上，以美国为主的伞形集团国家的强烈反对，使得广大发展中国家必须统一立场，联合行动维护各国利益。

21 世纪以来，中国高度重视在应对气候变化行动上南南合作的重要性：据统计，2005 ~ 2010 年期间，中国对亚洲、非洲、拉丁美洲、南太平洋等地区发展中国家进行援助的应对气候变化相关项目共 115 个，总投资约 11.7 亿元人民币，实施气候变化培训项目 85 个[①]；为建立气候变化南南合作基金，从 2015 年开始中国在追加一倍投入资金的基础上，还设立了 600 万美元南南合作专项资金；截至 2019 年 9 月，中国已经同全球 30 多个发展中国家建立起气候变化合作伙伴关系，并达成了南南合作谅解备忘录[②]；中国政府积极衔接"一带一路"倡议，搭建绿色发展合作平台，南南合作、"基础四国"等相关的新闻发布会和主题论坛成为气候变化大会上的重要内容。

南南合作工作主要内容有：

（1）在减缓气候变化方面，为合作国家提供低碳、节能、环保设备；

（2）在适应气候变化领域，通过提供气象机动站和遥感微小卫星等高科技设备，提高合作国家适应气候变化的能力和水平；

（3）赠送一些与增进合作国家民生福祉密切相关的项目物资，例如太阳能设备、节能低碳照明产品等；

（4）开展培训，通过交流学习气候变化战略、政策制定、新技术发展等优秀的经验。

---

① 国家发展和改革委员会应对气候变化司编著. 中华人民共和国气候变化第二次国家信息通报 [M]. 北京：中国经济出版社，2013：81.

② 包括与柬埔寨、老挝、肯尼亚、加纳、塞舌尔的低碳示范区合作磋商和落实，与埃塞俄比亚、埃及、几内亚等 10 多个国家减缓和适应气候变化物资赠送项目，与乌拉圭、菲律宾等国的新项目磋商。

第四章　各国低碳发展战略与进程

全球气候变暖的主要原因是大气中以二氧化碳为主的温室气体浓度过高，自工业革命时期，尤其是近半个世纪以来，虽然世界各国经济得到了快速增长，但这种增长极大程度上依赖于大量的能源消耗，随之导致的就是大量的温室气体被排放到大气中。因而，如何有效实现限排二氧化碳等温室气体成为《公约》及历次联合国世界气候变化大会的主要议题，而低碳发展无疑成为各国的最佳选择。中国著名学者庄贵阳[①]认为，不论气候变化发展成为如何复杂的综合性问题，归根结底都是发展问题；牛文元[②]认为，低碳是全球发展之大势所趋。

一、低碳发展遵循的原则

目前，为学术界所普遍接受的是，"低碳经济"这一概念在国家政治领域最早出现在 2003 年 2 月 24 日时任英国首相托尼·布莱尔（Tony Blair）发布的题为《我们能源的未来：创建低碳经济》（*Our Energy Future – Creating A Low Carbon Economy*）能源白皮书中。

不同于传统的经济发展方式，低碳发展以低耗能、低污染、低排放为特征，既要"低碳"，又要"发展"。从各国发展进程的特定来看，低碳发展大致经过了以下三个阶段：（1）提高能源使用效率和降低排放量，以及推动碳市场交易；（2）转变能源结构，大力发展可再生能源以代替传统化石燃料；（3）当低碳发展达到一定水平时，各国不再只关注减少二氧化碳排放量的"流量"问题，而是发展碳捕捉和封存技术解决"存量"问题，利用先进技术将排放在大气中的二氧化碳捕获并固化封存在贮存设施中，从而实现二氧化碳零排放。

[①]　庄贵阳，中国社会科学院可持续发展研究中心副秘书长，研究领域为全球环境问题与可持续发展，重点研究全球气候变化问题。

[②]　牛文元（1937~2016 年），中国科学院可持续发展战略研究组组长、首席科学家。

　　低碳发展理念摒弃了过去先污染后治理、用生态环境换取经济增长的发展模式，坚持低碳发展既需要积极承担保护环境、降低温室气体排放量的责任，积极推动应对全球气候变化的行动，又需要不断推进生产结构调整，提高能源利用效率，改善生态环境质量，因而坚持低碳发展成为必要选择。

　　坚持低碳发展，我们必须坚持倡导形成绿色生产生活方式理念，转变传统观念，帮助公众和企业树立节能减排意识，解决部分发展中国家、部分企业高投入—低产出、高污染—低效益的生产问题；坚持解决社会发展中所存在的浪费问题，不论是从经济理论角度还是从社会实践角度来看，工业相对集中是促进节能减排必要且有效的前提条件，区域经济学领域认为，产业集聚能够提高企业生产效率；坚持培育静脉产业[①]；坚持建立并健全完备的工业体系，循环经济与低碳经济是内在统一的，循环发展的根本就在于促进低碳发展，完备的工业体系是建设循环经济社会的重要基础前提，由于工业部门是碳排放最多的生产部门，有效控制工业部门的碳排放对国家和地区实现低碳发展具有十分重要的意义；坚持发展低碳技术[②]；坚持推进海绵城市、海绵国家建设，在应对全球气候变化的行动议题上，除了减缓气候变化行动——传统的减少二氧化碳排放量行动外，还有适应气候变化行动，从雨污分流的角度来治理城市污染问题，即海绵城市建设；坚持市场主导与政府引导相结合，低碳发展既要调动市场力量的积极性、主动性，充分发挥市场的调节功能和配置功能，又要政府科学施策，落实规划与监管职能；坚持完善政策与制度创新相结合的方式切实保障低碳发展环境，要想实现低碳发展，离不开相关政策和制度的保障，积极完善政策体系，创新配套制度有利于进一步推动低碳发展。

二、坚持低碳发展的经济学理论基础

　　低碳发展具备深厚的经济学理论基础，脱钩理论、生态经济协调发展理论和环境库兹涅茨曲线等。

（一）脱钩理论

　　脱钩理论（decoupling theory）是测度经济增长与能源消耗或环境污染之间关

---

　　① 　静脉产业是指回收生产和消费过程中的废物、垃圾并再资源化利用的产业。
　　② 　低碳技术包括在可再生能源及新能源技术、洁净煤技术、煤炭高效利用技术、二氧化碳捕捉与封存等领域有利于有效控制温室气体排放的新技术。

联程度的基本理论①。如果一个国家和地区的经济发展并不以大量排放 CO_2 为代价，则认为脱钩；反之则挂钩。是否存在脱钩关系实质上就是在度量经济增长是否依靠于大量消耗传统化石能源和是否需要牺牲环境质量。能够在确保经济稳定增长的条件下，实现碳排放脱钩正是各国各地区理想并不断为之奋斗的目标，根据 OECD 给出的脱钩因子（Dj）的计算公式可以发现，脱钩目标的实现程度实际度量的计算是经济学意义上的弹性系数，即：

$$Dj = 1 - \frac{(EP/DF)\text{末端年}}{(EP/DF)\text{始端年}}$$

其中，Dj、EP、DF 分别表征脱钩因子、环境压力和驱动力，一般用资源消耗量来表示 EP，用 GDP 来表示 DF。也有学者在研究碳排放脱钩情况时，选用脱钩指数来分析脱钩状态，即脱钩因子计算公式中的减数部分，即：

$$\text{脱钩指数} = \frac{(EP/DF)\text{末端年}}{(EP/DF)\text{始端年}}$$

（二）生态经济协调发展理论

20 世纪 90 年代，中国学者在生态学、经济学等的研究中，立足各自学科，根据中国经济发展历程和国外经济实践提出，社会经济发展应当同生态环境协调起来。

依据生态经济学的观点，生态环境同样具有经济价值，主要通过生态功能体现出来，人类始终只是作为生态系统的组成部分而存在着，要想生存与发展，都离不开生态系统，当人类活动扩张，对生态系统的生物和环境资源的破坏超过了生态系统自身的更新能力时，经济社会就会陷入恶性循环当中，需要彻底转变传统的"人定胜天"思想，牢牢树立正确的自然观念，加强对生态环境和自然资源的关注度。在今天，我们既不能一味追求经济增长而忽略生态环境，也不能为了保护生态环境就放弃经济发展，我们所要考量的是如何既不损害经济发展，又能改善环境质量，至少环境质量不再继续恶化。

（三）环境库兹涅茨曲线（EKC 曲线）

1955 年，美国著名经济学家西蒙·史密斯·库兹涅茨（Simon Smith Kuznets）在研究美国社会人均收入水平与社会公平程度时提出了"库兹涅茨倒 U 型曲线"（inverted U curve），即随着经济增长，社会收入不公平程度逐渐增加；

---

① 脱钩理论是由经济合作与发展组织（Organisation for Economic Co-operation and Development, OECD）提出的理论。

经济发展到一定水平时，收入不公平程度就会随之逐渐下降，总体上来说，社会收入不公平程度先升后降，描绘在图中呈现倒"U"型曲线关系。

EKC 曲线首次通过实证分析是格罗斯曼（Grossman）和克鲁格（Krueger）在1991 年关于美国自由贸易和环境之间相关数据的研究；1993 年美国经济学家西奥多·帕内约托（Theodore Panayotou）将"库兹涅茨倒 U 型曲线"应用到环境质量领域，形成了 EKC 曲线（environmental Kuznets curve）。结合各国实际环境质量情况，当经济增长成为社会发展的首要焦点时，大量的化石能源被消耗，这使得环境污染越来越严重，环境恶化程度加剧；当经济继续发展，到达"拐点"后，政府、社会和公众对美好生活的追求不断升级，对环境质量的需求逐渐增加，因而政府会投入更多的专项基金用于环境改善，环境污染的程度也就随之降低。

传统高度依赖于能源消费的生产生活方式虽然的确带来了经济高速增长，但煤炭、石油等传统化石能源被大量消耗成为导致全球气候变暖的主要诱因，近些年来由此所造成的土地干旱等问题严重影响了生态环境质量，从国内外的理论分析和实践经验来看，当社会经济发展到一定水平的时候，可以通过技术改进、能源替代等方式实现在不损害经济增长的同时改善生态环境质量。尽管有学者的实证研究结果与 EKC 曲线并不相符，但从大多数学者的研究来看，EKC 曲线倒"U"型还是成立的。

三、典型大国低碳发展现状

自英国政府提出并倡导实践"低碳经济"以来，"低碳"理念得到了世界各国，尤其是工业发达国家的关注与推崇，"低碳发展""低碳技术""低碳社会""低碳城市""低碳能源"等概念得到不断丰富和发展，特别是建设低碳城市成为各个大城市首选的发展方向，英国、丹麦、美国、德国等国家在低碳发展进程中积累了许多成功的经验。

（一）英国低碳发展现状

自 1952 年伦敦烟雾事件给社会、经济造成了严重的影响过后，环境保护问题就引起了英国政府的高度重视。

在 2003 年发表的能源白皮书中，英国政府指出，英国政府将继续发挥领导者的作用，但仅凭借英国的力量无法解决全球气候变化这个问题。英国的 CO_2 排放量在全球总排放量中的占比大约只有 2%，因此需要联合国际社会在《公约》的框架下共同努力。英国政府还做出了坚定的承诺，到 2050 年前使 CO_2 排放量在现有水平上减少60%左右，并把低碳经济作为需要长期坚持的基本发展原则，还出台了一系列相关配套政策即措施：2004年颁布了《能源法》；2006年10月30日，尼古拉斯·斯特恩（Nicholas Stem）接受英国政府委托，评估了全球变暖对英国国家的经济影响；2007年3月，通过了世界上第一个专门针对气候变化问题的法案《气候变化草案》，草案涉及管理碳预算（carbon budgets）、建立气候变化委员会等，为英国在2050年前有效实现承诺奠定了法律基础；5月又发布了低碳交通创新战略，研发制订了一个针对道路、航空、铁路以及海运部门的低碳技术，以及具体推广方案；2008年11月26日，英国议会颁布了《气候变化法案》，在为减缓和适应气候变化而特别颁布具有法律约束力法案方面创世界之先，法案强调，英国政府必须始终坚持发展低碳经济；英国气候变化委员会于12月1日成立当天就提交了《创建低碳经济——英国温室气体减排路线图》，明确了英国减排目标；2009年4月，詹姆斯·戈登·布朗（James Gordon Brown）领导的政府宣布在政府预算框架中设立"碳预算"专项基金，同时投入104亿英镑专门用于发展低碳产业；同年还通过了《低碳交通：更加绿色的未来》，制定了未来10年低碳交通发展总体规划；6月26日，能源和气候变化部（Department for Energy and Climate Change，DECC）① 发布了题为《通向哥本哈根之路》的报告，报告强调了节能减排的重要性；7月15日，英国政府进一步强化了低碳发展战略在国家战略中的地位；2011年，英国政府在《碳计划：实现低碳未来》文件中将低碳战略定位为国家重大战略。

目前，英国已制定了完备的发展战略及相关配套政策和措施，构建起了高效的能源利用体系，英国在核能、风能、潮汐能等领域位于世界领先水平，根据DECC提交政府的报告，可再生能源在能源消费总量中所占的比率逐年上升，电力占比也逐年上升，在消耗的一次能源中有将近45%的能源来自水力发电。在积极调整能源消费结构的同时，英国也一直将低碳技术创新研发放在至关重要的位置，通过财政手段鼓励企业创新低碳技术，并成立了国家级低碳技术研发机构，这些都为英国在二氧化碳捕捉与封存技术水平发展上提供了强有力的支撑。从某种程度上讲，英国已成功突破了低碳发展最初阶段的难关，向可持续发展迈出了坚实的一步。

（二）美国低碳发展现状

自进入21世纪以来，美国的CO_2排放量就一直位居世界首位，尽管美国先

---

① 英国能源和气候变化部已于2016年被解散。

后拒绝签署加入《京都议定书》、退出《巴黎协定》，但这并不表示美国不愿意减少温室气体排放量，实际上美国政府同样高度重视低碳发展。

在 1955～1970 年间，美国国会在应对气候变化和环境保护方面先后颁布实施了多项法律法规；1970 年，又成立了美国环保局（United States Environmental Protection Agency），这为此后美国的环境保护事业奠定了良好的基础。由于"反环境主义"（anti-environmentalism）思潮盛行，在罗纳德·威尔逊·里根（Ronald Wilson Reagan）执政的 1981～1988 年间，气候变化与环境问题并没有引起政府的足够重视。

有学者认为克林顿在应对全球气候变化的行动上属于中和派①，但无论如何，克林顿领导的政府在经过一番艰辛的谈判过后，还是于 1997 年成功签署了《京都议定书》。《京都议定书》的最终确定离不开政府的积极推动，美国在提交《公约》秘书处的文件中，再次重申了发展中国家中的大国应承担减排义务的要求，还提出了"排放预算"（emission budgets），即工业发达国家可以将其未用的排放配额储存在其他发达国家，或向其他发达国家借贷多用的排放配额，此外，美国政府还完善了碳减排相关程序，以确保切实有效地实现温室气体减排。在克林顿总统的积极推动下，"政府气候变化会议"于 1993 年 6 月正式召开，随后通过了《气候变化行动计划》，历史性公布了官方减排目标——到 2000 年减少 1.09 亿吨碳排放量。其实，克林顿总统本人应该算得上是个积极的应对气候变化的行动派，他在执政期间曾提出多种经济的措施和方案，譬如"全国性气候行动方案"，用以促进工业发展和提高能源效率，然而，在民主党和共和党国会议员反对与抵制的压力下，最终种种措施和方案不得不以流产告终，直到 1995 年底，国际形势和国内环境出现显著的变化，克林顿领导的政府才突破阻碍，开始在温室气体减排问题上有所作为。

布什执政期间，曾在 2002 提出未来 10 年内国家温室气体减排目标为 18%，尽管这并不具有法律效力，但美国政府为此专设了一系列项目；次年，芝加哥气候交易所②正式获批。但布什总统在 2001 年公开表示，因《京都议定书》有损美国发展的利益，美国不予批准通过。因为此举，众多环保主义者批判布什在气候变化问题上不仅消极，而且无为③。而实际上，尽管没有核准《京都议定书》，但是美国并没有停止温室气体减排的步调，2001 年 6 月，布什总统正式通过了旨

---

① 门丹. 美国低碳经济政策转向研究：原因、定位及经济绩效 [D]. 辽宁大学，2013 年，第 47 页。

② 芝加哥气候交易所（Chicago Climate Exchange，CCX）是世界上第一个以温室气体减排为目标和贸易内容的市场平台。

③ 门丹. 美国低碳经济政策转向研究：原因、定位及经济绩效 [D]. 辽宁大学，2013 年，第 53 页。

在解决气候变化问题的《全国气候变化技术计划》；2005 年 6 月，通过了《关于制定约束性减排目标的决议》；此后，通过了《2007 能源独立与安全法案》和《低碳经济法案》等多部法律文案，2008 年通过《气候安全法》并正式开始实施。

奥巴马总统是应对全球气候变化行动的积极参与者，并试图构建起全球气候变化治理新格局，奥巴马领导的政府也深受国际社会，尤其是环境保护主义者的推崇①。奥巴马一上任就面临着 2008 年的全球经济危机，如何重振美国经济成为国际社会所关注的焦点，而奥巴马给出的答案就是"低碳发展"。一改前任总统布什在国际气候行动上的消极态度，他积极投入到应对全球气候变化的行动中去，2009 年 2 月，奥巴马领导的政府通过并颁布了旨在以能源战略转变为核心的《美国复苏与再投资法案》，总金额高达 7 870 亿美元，其中，特设了 580 亿美元专项资金用于气候、能源与环境领域，意在改善投资环境和发展低碳经济，从而拉动就业形势好转，进而实现经济回到正轨增长，这也是奥巴马施行的"绿色新政"；6 月 26 日，众议院批准了能源和商业委员会的提案——《美国清洁能源与安全法案》，该法案明确了美国的减排目标及能源战略目标；在第 111 届国会就提出了十多个有关碳税、二氧化碳捕捉与封存技术、清洁技术、国际应对行动等议题的法案。

唐纳德·约翰·特朗普（Donald John Trump）上任不久，就多次表达对《巴黎协定》的不满，并声称美国要"退出"，2017 年 6 月 1 日其在白宫表示，美国已着手办理退出《巴黎协定》的手续，此举在国内外引起轩然大波，前任总统奥巴马更是怒斥道，美国正拒绝未来。从特朗普执政的这几年（2017～2019 年）来看，在应对全球气候变化行动的议题上，特朗普无疑是一个消极的行为者②。

（三）丹麦低碳发展现状

丹麦堪称是全球低碳发展的领先者，卡伦堡生态工业园更是被誉为全球循环低碳经济发展的典范。

2009 年 12 月 7 日，丹麦首都哥本哈根正式召开了第十五次联合国世界气候变化大会（COP15 - CMP5），历经反复磋商，最终签署了《哥本哈根协议》，让

---

① 朱松丽，王文涛，高翔，等. 美国应对气候变化政策新动向及其影响［J］. 全球科技经济瞭望，2013（7）：13.

② 中华人民共和国商务部，http：//www.mofcom.gov.cn/article/i/jyjl/m/201709/20170902647886.shtml.

多个缔约国家充分认识到了先污染后治理的经济发展方式是切不可取的，丹麦的低碳发展模式为世界各国提供了新的参考——大力开发使用清洁能源，由于丹麦的地理环境原因，能源储量相当匮乏，据统计，能源需求严重依赖于进口，这使得在石油危机爆发时，石油价格飞涨，这对丹麦社会经济发展造成了严重的冲击，丹麦政府开始正视国家能源结构的问题，通过制定积极的能源战略，出台了一系列能源转型政策，大力开发各种清洁能源。

1977 年，丹麦政府提出对企业生产所用的石油进行征税的政策，煤炭、天然气等化石能源逐渐被纳入能源税税收范围，有学者针对丹麦能源税税负进行了研究①，结果发现，丹麦能源税最高的时候发生在 1990 年，占到汽油价格的 63%，相对地，对利用可再生能源的企业给予税收优惠，丹麦政府于 1992 年开始运用庇古税（Pigovian tax）② 制度对 CO_2 排放进行征税，这使得化石能源终端消费价格指数进一步被抬高，迫使企业提高可再生能源的比例。

丹麦能源署于 1976 年经政府批准正式成立，对国家能源结构调整起引领作用；1977 年丹麦政府和公共事业部联合实施了风能计划；1979 年又颁布了《供热法案》，有学者认为该法案正式开启了丹麦供热新时代。

从 20 世纪 70 年代到 20 世纪末属于战略奠基初期，丹麦的低碳发展推进缓慢，但进入 21 世纪以后，丹麦不断完善低碳发展相关的政策与措施，发展效果逐渐凸显出来。《能源节约法》《能源供应法案》《国家可再生能源行动计划》相继实施；《能源战略 2050》于 2011 年正式生效，该战略指出到 2050 年丹麦要彻底不再依赖化石能源。

丹麦拥有世界级的区域供暖技术能力，还是全球风力发电之都，风能产业在全球各国中处于领先水平。1960 年，丹麦 CO_2 排放量人均吨数为 6.50 吨③，远远超过 3.10 吨的世界平均水平，而国家财政收入仅 62.49 亿美元；1996 年，丹麦 GDP 约为 1 735.37 亿美元，为 1960 年的 27.77 倍之多，从 1960~1996 年年平均经济增长率为 9.67%，但 CO_2 排放量人均吨数达到峰值，为 13.71 吨，高出世界平均水平（4.01 吨）两倍还多，可以说在这一阶段丹麦经济增长还是高度依赖于化石能源消费，在一定程度上损害了环境质量；进入 21 世纪以来，丹麦政

---

① 张小峰. 丹麦的两次能源转型 [N]. 中国能源报，2014 - 04 - 14 (007).

② 英国经济学家阿瑟·塞西尔·庇古（Arthur Cecil Pigou）提出，要根据污染所造成的危害程度对排污者征税，用税收来弥补排污者生产的私人成本和社会成本之间的差距，使两者相等，这种税就被称为庇古税（Pigovian tax）。

③ 数据引自美国田纳西州橡树岭国家实验室环境科学部二氧化碳信息分析中心的统计信息（Carbon Dioxide Information Analysis Center, Environmental Sciences Division, Oak Ridge National Laboratory, Tennessee, United States）。

府高度重视调整与优化能源结构，一方面通过技术改进手段提高石油、煤炭等化石能源利用效率，另一方面积极开发与使用可再生能源。2014 年丹麦 CO_2 排放量人均吨数为 5.96 吨，这一数值比监测元年 1960 年还要低[1]；目前丹麦清洁能源技术领域相关企业多达 720 多家，相关从业人员数量超过 60 000 人，另外还有 50 余所清洁能源研究机构[2]，可以毫不夸张地说，丹麦是世界上无可争议的清洁能源技术的热土。

（四）德国低碳发展现状

德国是欧盟成员国绿色环保国家的领导国，回溯德国的低碳发展进程，可以发现，政府规划的推动作用尤为明显。自 20 世纪初期开始，德国政府就高度重视全球气候变化和环境保护问题，早在 1500 年，德国就颁布了《森林法》，这被视为德国历史上第一个关于环境保护方面的法律，也被视作环境保护发展进程的起点；1934 年，又颁布了《帝国自然保护法》，再度明确了自然环境保护的战略地位；1957 年、1968 年相继出台了《饮用水法》和《植物保护法》；但相对遗憾的是，在 1968 年前德国政府并没有颁布一部为社会公众所公认的综合性环境保护法典，有学者认为这是由于在工业化前，德国环境并没有发生太大的变化。20 世纪 70 年代后，为迅速改变第二次世界大战战败后的落后萧条情况，经济增长成为这一时期德国发展的第一要点，这使得德国境内环境质量显著恶化，联邦德国政府和社会工作者开始反思工业化问题，认为通过牺牲环境质量来换取经济增长的经济发展方式是不可取的；1971 年，出台了《环境规划方案》，这是德国国内首个关于促进低碳经济发展的法案；20 世纪 90 年代初，保护环境的内容被德国议会写入修正后的《德意志联邦共和国基本法》，这也影响了德国整个政治领域；随后，《节省能源法案》《启动生态税改革法》《继续生态税改革法》等政策相继出台，截至目前，德国也被认为是全球各国中环境保护相关法律与政策较为完备和齐全的国家。

一直以来，德国都很注重技术创新与研发，德国政府通过制定并出台一系列相关的优惠政策及措施激励大企业在能源利用技术方面进行创新和可再生能源开发，并由政府牵头为中小企业提供技术支持，分别对使用电力、燃气及石油等不同能源的企业产品征收不同比例的生态税，对使用核能、风能、太阳能等清洁能

---

[1]　美国田纳西州橡树岭国家实验室环境科学部二氧化碳信息分析中心的统计信息（Carbon Dioxide Information Analysis Center, Environmental Sciences Division, Oak Ridge National Laboratory, Tennessee, United States）。

[2]　丹麦投资促进局官网，https://investindk.com/。

源的企业产品给予税收优惠，鼓励消费者环保先行，通过消费端逆向激励生产端低碳发展，充分发挥企业的节能减排能力，极大地提高了企业参与减排的积极性，有利于促进国家低碳发展。

【本篇小结】

本篇从大气中的二氧化碳浓度与全球陆地平均气温变化、极端气候事件以及降水变化等方面分析全球气候变化的现状及其影响。

第一，通过查阅历年有关全球气候变化议题方面的国际报告和文件（以近10年的报告和文件为主），可以发现，大气中的二氧化碳浓度连年创下新高、升温控制行动成效不容乐观、各国各地区极端气候事件频发，严重影响发展中国家经济社会健康发展。降水变化趋向两极化，干旱与洪涝事件并发，由全球气候变化所引起的冰川融化、海平面上升以及其他气候变化问题严重影响着人类文明发展。

第二，梳理了应对全球气候变化行动议题上的联合国会议，总结联合国气候变化谈判进程，并介绍了几次联合国世界气候变化大会的重要成果，以及近10年相对具有实际意义的世界气候变化大会，此外，还简要介绍了联合国气候行动峰会，以及最新的努力成果——保障青年行动者积极行动得到充分发挥的联合国青年气候峰会。

第三，简单分析几个主要大国——中国、伞形集团国家、欧盟国家在应对全球气候变化行动上的态度，以及重要的国际合作，中美气候变化合作、中欧气候变化合作、南南气候合作。

第四，在减缓全球气候变化的行动方面，自英国率先提出并发展低碳经济以来，"低碳"得到了国际社会的关注，低碳发展成为世界各国实现二氧化碳减排的首选战略方式。在本篇，我们对低碳发展的原则及经济学理论基础进行了分析，最后介绍了几个低碳发展的典型国家——英国、美国、丹麦及德国等的发展现状。

第二篇

东北亚地区气候变化与低碳发展

　　作为一个地理概念，东北亚地区是指位于亚洲东北方向的国家和地区，是亚洲经济与文化最发达的区域，包括中国、俄罗斯、日本、韩国、朝鲜和蒙古国在内的 6 个国家，国土面积约为 2 886.77 万平方千米，占有全球陆地总面积的比例在 1/5 左右，集中分布了全球将近 1/4 的人口，贡献了全球 1/5 的 GDP 总量①。

---

① 资料来源：笔者根据世界银行数据库资料整理，https：//data. worldbank. org. cn。

第五章 东北亚地区基本概况

一、社会经济发展

(一) 中国社会经济

中国①是一个人口超级大国，1982 年就成为世界上首个突破 10 亿人口大关的国家，国家统计局发布的《2019 年国民经济和社会发展统计公报》显示，目前中国人口数量约为 1 400 050 000 人；人口增长趋势大体上呈现出如下特征：从中华人民共和国成立到计划生育政策实施以前，中国的人口增长率基本维持在 2.50% ~ 3.00%②之间，随后人口增长率缓慢下滑，到 1975 年首次跌到 2.00% 以下，此后虽有起伏，但变化不大，1998 年又跌破了 1.00% 的水平，下降趋势仍在持续。尽管 2016 年中国政府全面放开了二孩政策，但 2017 年中国人口增长率仍然只有 0.56%，人口出生率仅 1.24%，新生婴儿只有 1 723 万人，较上年减少 60 万人，相比邻国印度（2 600 万人）更是少了将近 1 000 万人。同时，总和生育率③在计划生育政策推行前一直维持在 6.00 左右，1965 ~ 1966 年连续两年为 6.38，但之后不断降低，在 1992 年更是降到了 2.00 以下，跌破了 2.10 的国际警戒线，21 世纪以来，中国的总和生育率都稳定在 1.60 左右，2017 年这一数值为 1.68，2018 年降至 1.53④。

---

① 因统计数据所限，如无特殊说明，本书数据不含我国港澳台地区。

② 人口增长率数据引自世界银行数据库，联合国人口司（United Nations Population Division, World Population Prospects），世界人口展望。

③ 总和生育率（total fertility rate, TFR），是指该国家和地区的妇女在育龄期间，每个妇女平均的生育子女数。一般来讲如果总和生育率小于 2.10，新生人口不足以弥补生育妇女及其伴侣数量。数据引自快易数据，https://www.kylc.com/stats/global/yearly_per_country/g_population_fertility_perc/chn.html，访问时间：2020 年 3 月 21 日。

④ 快易数据，https://www.kylc.com/stats/global/yearly_overview/g_population_fertility_perc.html。

　　经过数十年的发展，中国的社会与经济结构显著变化：改革开放前我国绝大多数人口都集中居住在农村，1970 年全国平均城市化率①仅 17.40%，同年老年抚养比②也只有 6.71%；1978 年改革开放之际，城市化率和老年抚养比小幅增长，分别为 17.52% 和 7.55%，随着经济发展，城市化率和老年抚养比都不断上升，城市化率在 2018 年更是增长到了 59.15%，而老年抚养比也达到了 15.34%，这表明我国城市建设成效颇丰，同时人口老龄化问题依旧严峻。

　　第二次世界大战过后，绝大多数刚从战争中解脱出来的国家和地区都把坚持工业化道路作为实现经济增长的必然选择，然而真正实现了发展目标的并不多，而中国就是其中一个。尤其是改革开放以来，中国积极融入世界经济体系和全球贸易市场，充分利用庞大的劳动力数量和较为低廉的劳动力市场价格，大力承接工业发达国家的劳动密集型制造业，在国际市场上被誉为"世界工厂"。1949 年中华人民共和国成立时，中国经济发展十分落后，当年经济总量仅 179.56 亿美元③，在世界经济总量中的占比不足 5%，在世界上排在第 13 位，人均 GDP 仅 33.13 美元；中华人民共和国成立初期，在"一化三改"总路线的引领下，中国经济缓慢恢复，但部分年限出现了错误方针阻碍发展，中国政府于 1953 年开始制定五年规划，经过近 30 年的发展，1978 年中国经济总量为 2 683 亿美元，全球第 7，年平均增长 9.77%，人均 GDP 上涨到 278.61 美元，年平均增长率为 7.62%；改革开放过后，中国经济增速显著提高，2010 年经济总量已位列亚洲第一、全球第二；2019 年经济总量 14.36 万亿美元④（99.09 万亿元人民币），相当于美国的 67.01%。1978 ~ 2019 年，年均增长率为 10.19%，人均 GDP 首次突破 10 000 美元大关，达到 10 276 美元（70 892 元人民币），年平均增长 9.20% 左右。与此同时，中国的贫富差距随着经济发展不断被拉大，1990 年中国最贫穷的 10% 的人口还拥有 GDP 总量 3.50% 的财富，最高收入的 10% 的人口占有的收入份额为 25.80%，但在 2015 年这两个数值变成了 2.60% 和 29.40%，2017 年中国基尼系数⑤已高达 0.467，高

---

　　①　城市化率数据引自世界银行数据库，联合国人口司，世界城市展望。

　　②　本书所用的老年抚养比是指 65 岁及以上的老年人口数量占工作年龄人口的百分比。数据引自世界银行数据库（World Bank staff estimates based on age distributions of United Nations Population Division's World Population Prospects）。

　　③　经济数据引自世界银行数据库：世界银行国民账户数据（World Bank national accounts data）OECD 国民账户数据文件（OECD National Accounts data files）。

　　④　2019 年数据引自国家统计局最新发布的《2019 年国民经济和社会发展统计公报》。

　　⑤　基尼系数（Gini coefficient）是根据洛伦兹曲线计算得到的判断应该国家和地区收入分配公平程度的制度，联合国有关率子规定：G < 0.2，则认为的后入分配绝对公平；G > 0.4，则认为收入差距较大，因此 0.4 也被当作国际贫富差距的警戒线；G > 0.5，则认为收入差距悬殊。

过 0.4 的国际贫富差距警戒线。

中华人民共和国成立初期（1949～1952 年），中国三次产业结构比重为 68：13：19，第一产业，主要是粮食种植业，是中国经济的支柱；随后中国政府制定了工业化的方针，通过抑制消费、以农补工等方式，集中国家力量与资源优先发展重工业，这也使得中国重工业在国民经济中所占的比例远高于其他国家，1978 年重工业在工业内部的比重已从 1952 年的 32.5 提高到了 56.9；改革开放过后，中国产业结构趋向完善与合理，21 世纪伊始，得益于市场化改革和开放，中国轻工业迅速增长，第二、第三产业占国内生产总值的比重飞速上升，与此同时，农业增加值在国民经济中所占的比重大幅降低，2000 年中国三次产业结构比例为 15.1：45.9：39.0；从迈入 21 世纪到进入新常态期间，第二产业占比基本维持在 45% 左右，而第一产业继续下降，第三产业持续上升；进入经济新常态以来，第一产业占比不断下降，第二产业缓慢降低，第三产业继续上升，2019 年三次产业结构为 7.1：39.0：53.9。

1970～2019 年中国社会经济发展指标如表 5－1 所示。

表 5－1　　　　　　　　1970～2019 年中国社会经济发展指标

年份	人口总数（人）	GDP（现价美元）	城市化率（%）
1970	818 315 000	92 602 973 434.07	17.40
1971	841 105 000	99 800 958 648.14	17.29
1972	862 030 000	113 687 586 299.05	17.18
1973	881 940 000	138 544 284 708.96	17.18
1974	900 350 000	144 182 133 387.72	17.29
1975	916 395 000	163 431 551 779.76	17.40
1976	930 685 000	153 940 455 341.51	17.46
1977	943 455 000	174 938 098 826.57	17.52
1978	956 165 000	149 540 752 829.27	17.90
1979	969 005 000	178 280 594 413.04	18.62
1980	981 235 000	191 149 211 575.00	19.36
1981	993 885 000	195 866 382 432.54	20.12
1982	1 008 630 000	205 089 699 858.78	20.90
1983	1 023 310 000	230 686 747 153.26	21.55
1984	1 036 825 000	259 946 510 957.14	22.20
1985	1 051 040 000	309 488 028 132.65	22.87
1986	1 066 790 000	300 758 100 107.25	23.56

续表

年份	人口总数（人）	GDP（现价美元）	城市化率（%）
1987	1 084 035 000	272 972 974 764.57	24.26
1988	1 101 630 000	312 353 631 207.82	24.97
1989	1 118 650 000	347 768 051 311.74	25.70
1990	1 135 185 000	360 857 912 565.97	26.44
1991	1 150 780 000	383 373 318 083.62	27.31
1992	1 164 970 000	426 915 712 711.15	28.20
1993	1 178 440 000	444 731 282 436.76	29.10
1994	1 191 835 000	564 324 670 005.92	30.02
1995	1 204 855 000	734 547 898 220.51	30.96
1996	1 217 550 000	863 746 717 503.79	31.92
1997	1 230 075 000	961 603 952 951.82	32.88
1998	1 241 935 000	1 029 043 097 554.08	33.87
1999	1 252 735 000	1 093 997 267 271.06	34.87
2000	1 262 645 000	1 211 346 869 605.24	35.88
2001	1 271 850 000	1 339 395 718 865.30	37.09
2002	1 280 400 000	1 470 550 015 081.55	38.43
2003	1 288 400 000	1 660 287 965 662.68	39.78
2004	1 296 075 000	1 955 347 004 963.27	41.14
2005	1 303 720 000	2 285 965 892 360.54	42.52
2006	1 311 020 000	2 752 131 773 355.16	43.87
2007	1 317 885 000	3 550 342 425 238.25	45.20
2008	1 324 655 000	4 594 306 848 763.08	46.54
2009	1 331 260 000	5 101 702 432 883.45	47.88
2010	1 337 705 000	6 087 164 527 421.24	49.23
2011	1 344 130 000	7 551 500 425 597.77	50.51
2012	1 350 695 000	8 532 230 724 141.76	51.77
2013	1 357 380 000	9 570 405 758 739.79	53.01
2014	1 364 270 000	10 438 529 153 237.60	54.26
2015	1 371 220 000	11 015 542 352 468.90	55.50
2016	1 378 665 000	11 137 945 669 350.60	56.74
2017	1 386 395 000	12 143 491 448 186.10	57.96
2018	1 392 730 000	13 608 151 864 637.90	59.15
2019	1 400 050 000	14 360 000 000 000.00	60.60

资料来源：世界银行数据库，https：//www.worldbank.org/；2019 年数据来自《2019 年国民经济和社会发展统计公报》。

（二）日本社会经济

日本拥有 37 万平方千米的国土面积，人口数量超过 12 000 万人，人口分布集度不均，本州（Honshu Island）、北九州（Kyushu）、北海道（Hokkaido）及四国（Shikoku）四个最大的岛屿就占有全国人口总数的 97% 左右，同时日本的老龄化问题相当严重，且老龄化率还将继续上升，有学者预计到 2025 年会突破 30% 的大关，2050 年甚至可能会有超过 40% 的人口超过 65 岁，而且由于出生率远低于死亡率，到 2050 年日本总人口有可能会跌到只有目前的 70% 左右①。观察日本的人口增长率数据，近半个世纪以来，日本人口增长率一直都较低，1975 年过后，增长率均在 1.00% 以下②，且呈现出不断下降的趋势，在 2010 年之后甚至连年负增长，2018 年人口增长率更是跌至了谷底，为 - 0.20%。为鼓励社会公众生育，日本政府制定了系列政策与措施：2015 年开始实施鼓励生育政策；2019 年 10 月提出了"早晨保育"和"延长保育"政策，切实解决父母工作的时间难题。尽管出台了系列鼓励性政策和措施，但日本的总和生育率仍然偏低，2018 年这一数值为 1.42，远低于国际警戒线，同年出生人口 92.1 万人，出生率 0.724③。

日本属于经济发达国家，在城市建设方面一直走在世界前列，其城市化率水平自有记录的 1970 年开始就在世界上名列前茅。1970 年城市化率为 71.88%，而且呈现出连年上升的趋势，2018 年已增长到 91.62%，根据统计，当前世界发达国家城市化率的平均水平大约为 86.00%④，而日本早在 2006 年（87.12%）就已经超过了这一水平。同时，老年抚养比也一直较高，1970 年这一数值为 9.96%，令日本政府担忧的是，日本老年抚养比还在持续上升，2018 年已经高达 46.17%，而且这种上升趋势仍在继续，由此可见，日本国内不断增加的老年人数量以及由此带来的巨大的社会养老保障压力是日本政府不得不高度重视的问题。

日本经济从总体视角上来说呈现出几度繁荣几度衰落的特征：早在 1868 年明治维新时期，日本就制订了一系列方案和措施以实现"赶超西方强国"的目标，在彻底结束了日本德川幕府（Tokugawa Bakufu）时期闭关锁国的保守政策过后，明治维新时期日本一跃成为亚洲乃至世界强国；随后的很长时间，战争成了

---

① 丁英顺. 日本人口老龄化问题研究［M］. 北京：社会科学文献出版社，2018.
② 人口数据引自世界银行数据库，联合国人口司，世界人口展望。
③ "日本 2018 年总和生育率为 1.42，人口自然减少 44.4 万人"，新华网，2019 年 6 月 8 日。
④ 城市化率数据引自数据银行数据库，联合国人口司，世界城市展望。

日本发展的主战线，第一次世界大战战胜，顺利跻身到世界列强的队伍；作为第二次世界大战战败国，日本经济受挫严重，国内工厂生产能力大幅降低，"国家有赤字、企业有赤字、家庭有赤字"[①]，日本至少损失了 64.278 百万日元[②]；1945 年第二次世界大战结束后，面对国内严峻的经济形势，日本政府制定了民主化改革、倾斜生产方式等一系列措施意欲恢复经济增长，尤其是 1950 年朝鲜战争爆发，特需经济[③]成为日本发展的重点方向，这极大地促进了经济高速增长；1985 年在《广场协议》相关条约的约束下，日元剧烈升值，造成了国内经济泡沫急剧扩大，日本经济又一次陷入长期停滞，有人称之为"日本病"；20 世纪 90 年代以来，日本经济始终增长乏力，波动性较大，在 1990 ~ 2018 年间，日本 GDP 年平均增长率仅 1.66%[④]，尽管安倍晋三（Shinzo Abe）先后针对性地提出了安倍"三支箭"计划和"新三支箭"计划，但是仍然没能够改变日本经济的低迷状态，2018 年日本全年 GDP 为 4.97 万亿美元，相较上年增长率还不足 2.30%，人均名义 GDP 折合 39 267 美元。

　　1945 年第二次世界大战战败后，日本开始了 10 年经济恢复期，在"倾斜生产方式"的产业政策指导下，纺织、食品等劳动密集型产业成为发展经济和吸纳劳动力的主导产业；尽管 1945 ~ 1955 年间，日本经济有所增长，但以轻工业为主的劳动密集型产业比重过高；1956 年后，日本制定了优先发展以重化工业为主资本密集型产业的方针，同时积极发展高附加值的服务业，这也促使日本经济得到了高速发展；1970 年日本三次产业结构比重为 6∶43∶51；经过前一阶段的高速发展过后，受劳动力成本大幅上升和日元升值的影响，日本经济开始稳定增长；1985 年《广场协议》的签署和 1986 年经济泡沫都严重影响到日本经济并导致经济萧条，第一产业比重首次出现了绝对值减少，第二产业更是受到严重冲击，但第三产业却得到了持续发展，1999 年三次产业结构占比 1.4∶28.1∶70.5；目前，日本已形成了稳定的产业结构，第一产业占比低于 1%，第二产业比重维持在 28%，第三产业所占比例在 70% 以上。[⑤]

---

　　① 引自都留重人编写的《经济白皮书》，都留重人，1947 年时任日本经济安定本部（现已更名为日本经济企划厅）综合调整委员会副委员长。
　　② 数据引自日本著名经济学家中山伊知郎（Ichiro Nakayama）在其编写的《日本的国家总财富结构》中评估第二次世界大战对本国国内经济所造成的影响。
　　③ 朝鲜战争和越南战争爆发后，美国在日本大量订购军事装备及劳务，据不完全统计，美国在两次战争间向日本发起的特需产品订购价值至少有 65 亿美元。
　　④ 经济数据引自世界银行数据库，World Bank national accounts data, and OECD National Accounts data files（下同）。
　　⑤ 数据引自世界银行数据库。

1970～2019 年日本社会经济发展指标如表 5－2 所示。

表 5－2　　　　　　　　　　1970～2019 年日本社会经济发展指标

年份	人口总数（人）	GDP（现价美元）	城市化率（%）
1970	104 345 000	212 609 187 920.83	71.88
1971	105 697 000	240 151 807 459.96	72.67
1972	107 188 000	318 031 297 492.68	73.45
1973	108 079 000	432 082 670 451.09	74.22
1974	110 162 000	479 625 998 614.78	74.98
1975	111 940 000	521 541 905 671.90	75.72
1976	112 771 000	586 161 859 001.02	75.94
1977	113 863 000	721 411 786 537.19	76.00
1978	114 898 000	1 013 612 173 519.79	76.06
1979	115 870 000	1 055 012 119 528.16	76.12
1980	116 782 000	1 105 385 973 763.87	76.18
1981	117 648 000	1 218 988 935 129.81	76.27
1982	118 449 000	1 134 518 001 884.56	76.38
1983	119 259 000	1 243 323 592 058.83	76.49
1984	120 018 000	1 318 381 627 003.76	76.60
1985	120 754 000	1 398 892 744 820.69	76.71
1986	121 492 000	2 078 953 333 673.55	76.84
1987	122 091 000	2 532 808 573 157.03	76.96
1988	122 613 000	3 071 683 013 178.91	77.09
1989	123 116 000	3 054 914 166 263.18	77.21
1990	123 537 000	3 132 817 652 848.04	77.34
1991	123 921 000	3 584 420 077 100.84	77.47
1992	124 229 000	3 908 809 463 463.86	77.61
1993	124 536 000	4 454 143 876 947.21	77.75
1994	124 961 000	4 907 039 384 469.68	77.88
1995	125 439 000	5 449 116 304 981.10	78.02
1996	125 757 000	4 833 712 542 207.10	78.15
1997	126 057 000	4 414 732 843 544.43	78.27
1998	126 400 000	4 032 509 760 872.94	78.40
1999	126 631 000	4 562 078 822 335.45	78.52

续表

年份	人口总数（人）	GDP（现价美元）	城市化率（%）
2000	126 843 000	4 887 519 660 744.86	78.65
2001	127 149 000	4 303 544 259 842.72	79.99
2002	127 445 000	4 115 116 279 069.77	81.65
2003	127 718 000	4 445 658 071 221.86	83.20
2004	127 761 000	4 815 148 854 362.11	84.64
2005	127 773 000	4 755 410 630 912.14	85.98
2006	127 854 000	4 530 377 224 970.40	87.12
2007	128 001 000	4 515 264 514 430.57	88.15
2008	128 063 000	5 037 908 465 114.48	89.10
2009	128 047 000	5 231 382 674 593.70	89.99
2010	128 070 000	5 700 098 114 744.41	90.81
2011	127 833 000	6 157 459 594 823.72	91.07
2012	127 629 000	6 203 213 121 334.12	91.15
2013	127 445 000	5 155 717 056 270.83	91.23
2014	127 276 000	4 850 413 536 037.84	91.30
2015	127 141 000	4 389 475 622 588.97	91.38
2016	126 994 511	4 926 667 087 367.51	91.46
2017	126 785 797	4 859 950 558 538.97	91.54
2018	126 529 100	4 971 323 079 771.87	91.62
2019	124 776 364	5 080 000 000 000.00	—

注："—"表示未查询到相关数据。

资料来源：世界银行数据库，https：//www.worldbank.org/；2019 年数据引自中新经纬：http：//www.jwview.com/。

（三）韩国社会经济

韩国是世界前 15 大经济体之一，国土面积约 10 万平方千米，总人口数量超过 5 000 万人，人口密度大约为全球平均水平的 10 倍。第二次世界大战过后，世界各国都迎来了婴儿潮，然而随之爆发的朝鲜战争困扰着整个朝鲜半岛，也使得韩国人口增长率持续走低，直到 1953 年朝鲜战争正式结束，再次迎来和平曙光的韩国出现了婴儿潮，一个家庭平均生育子女数量超过 5 个。但随之而来的过高的子女抚养比，以及生产贫瘠的现实和孩子成长所需的社会资源之间尖锐的矛盾，促使韩国政府在 1961 年专门成立了计划生育审查委员会，又颁布了《计划生育促进草案》，时任韩国国家总统的朴正熙（Park Chung‐hee）高度重视节育的重要性，甚至多次在演讲中直言，"不节制生育的后果不免是乞丐"；1967 年第一个五年计划结束的时候韩国人口增长率只有 2.30%，而 1959 年这一数值高达 6.22%。[①] 随后，韩国人口增长率更是持续下降，在 1970 年跌破了 2.00% 的生育水平，自 1996 年至今，韩国人口增长率全部低于 1.00%，2005 年更是跌至 0.21%，生育率水平更是只有 1.08%，跌破了 1.30% 的国际设定的超低生育水平，这也使得韩国政府在 2005 年开始推行鼓励生育政策，但从实际发展情况来看，鼓励生育政策的成效并不明显，2014 年人口增长率只有 0.63%，总和生育率也仅有 1.19，2018 年和 2019 年的总和生育率都低于 1[②]，甚至还没有达到 1.30 超低生育率标准，为世界最低生育率国家[③]。

韩国的城市建设在世界上处于中等水平，1970 年城市化率指标为 40.70%，并在不断上升。[④] 2013 年《朝鲜日报》（Chosun Ilbo）消息指出，韩国已晋升为世界发达国家，成为亚洲唯二。韩国该年城市化率水平为 81.78%，近些年来城市化率水平基本维稳，2018 年为 81.46%，与城市化率变化趋势相似，韩国的老年抚养比也持续上升，1970 年仅有 6.29%，2018 年这一数值已增至 19.86%，并仍在上升。[⑤]

1948 年初期，由于刚摆脱日本的殖民统治，韩国经济还处于混乱当中，没有技术人员、没有管理人员、没有基础设施、没有工业设施，然而就是在这样艰苦的条件下，韩国逐渐发展成为当前 GDP 世界排名靠前的经济大国。1954 年在美国的援助下，韩国开始恢复再建经济；1961 年朴正熙发动政变推翻了李承晚（Syngman Rhee）政权，又在两年后成功当选韩国总统，并在之后连任了 5 届国家总统，在他的带领下，韩国政府确立了以"经济第一、出口第一"为核心的经济赶超战略和政府主导型的市场经济体制，坚持工业化战略，以 1962 年为初始年份编制了"五年计划"。

到 1979 年朴正熙遇刺身亡时，韩国已从落后的农业国家蜕变为世界中等发达国家，1963~1979 年年平均增长率高达 19.24%，1979 年 GDP 总量为 665.68 亿美元，人均 GDP 折合 1 644 美元；之后数年，韩国经济增长缓慢，直到 1985

①　人口数据引自世界银行数据库，联合国人口司，世界人口展望。

②　消息引自韩国统计厅发布的《2018 年出生统计》，韩国统计厅，http：//kostat. go. kr/portal/korea/index. action，访问时间：2020 年 2 月 25 日。

③　在统计记录中，韩国（2018~2019 年）是第三个出现这种情形的国家，此前只有两个国家出现过总和生育率低于 1.00 的情况：德国统一时期（1990 年）和苏联解体时期（1992 年）均是政权巨变而致。

④　城市化率数据引自世界银行数据库，联合国人口司，世界城市展望。

⑤　数据引自世界银行数据库。

年韩国 GDP 才首次突破 1 000 亿美元，依据朴正熙执政时期的年均增长率，韩国经济应该在 1982 年就能突破千亿美元，如果按照朴正熙执政后期经济增长速度计算，则应该在 1980 年就能实现；进入 20 世纪 90 年代后，韩国经济再度陷入低迷，1991～2000 年年均增长率仅 6.23%，甚至在 1997 年和 1998 年两年都是负增长，1998 年 GDP 总量仅为 3 742.41 亿美元，比 1993 年的 GDP 还要低，相较上一年（5 575.03 亿美元）更是降低了 32.87%；为摆脱经济低迷的影响，韩国政府开始推行一系列刺激性政策和措施复兴经济，2006 年 GDP 首次突破万亿美元大关，人均 GDP 也首次突破了 20 000 美元，达到 20 888.38 美元，2001～2007年期间年平均增长 13.22%，2007 年人均 GDP 为 23 060.71 美元；2008 年全球金融危机致使韩国经济又一次回跌，GDP 连续两年下降幅度超过 10.00%，2009 年人均 GDP 又跌回 20 000 美元以下①；为助推经济复苏，李明博（Lee Myung-bak）积极推动韩国在欧亚的战略经营及"新亚洲构想"，此举极大地保障了韩国在欧亚的能源和贸易合作领域取得的丰厚成果，2010 年终于止住经济颓势，2010～2012年年均增长率为 5.70%；自 2013 年以来，韩国名义 GDP 保持着较为平稳的增长态势，2013～2018 年年均增长 4.40%，但是这也无法掩盖韩国经济的低迷：2018 年韩国经济总量为 1.62 万亿美元（未考虑物价变动因素），相比上一年增长 5.79%，人均 GDP 31 362.75 美元，排在世界第 31 位。

　　和中国相同，农业也曾是韩国国民经济的主体，在 1961 年完成经济复苏以前，韩国的经济增长高度依赖于农业和轻工业；1962 年是韩国政府五年计划编制的元年，更是韩国工业化战略实施的起点，韩国经济结构随之改变；1980 年三次产业在国内生产总值中所占的比重分别是 14.50∶40.40∶45.10；1987 年韩国基本进入了工业化后期，并向后工业化阶段发展，产业结构不断升级。

　　1970～2019 年韩国社会经济发展指标如表 5-3 所示。

表 5-3　　　　　　　　　　　1970～2019 年韩国社会经济发展指标

年份	人口总数（人）	GDP（现价美元）	城市化率（%）
1970	32 240 827	8 999 227 202.47	40.70
1971	32 882 704	9 889 961 111.91	42.26
1972	33 505 406	10 842 220 468.83	43.69
1973	34 103 149	13 841 885 920.87	45.13
1974	34 692 266	19 482 038 222.86	46.58

---

① 世界银行数据库（World Bank National Accounts Data, and OECD National Accounts Data Files）。

续表

年份	人口总数（人）	GDP（现价美元）	城市化率（%）
1975	35 280 725	21 704 752 066. 12	48. 03
1976	35 848 523	29 779 338 842. 98	49. 72
1977	36 411 795	38 265 082 644. 63	51. 48
1978	36 969 185	51 700 619 834. 71	53. 23
1979	37 534 236	66 567 975 206. 61	54. 98
1980	38 123 775	64 980 820 835. 32	56. 72
1981	38 723 248	72 425 590 649. 46	58. 41
1982	39 326 352	77 773 431 088. 25	60. 06
1983	39 910 403	87 024 427 972. 93	61. 69
1984	40 405 956	96 597 434 179. 51	63. 30
1985	40 805 744	100 273 097 170. 18	64. 88
1986	41 213 674	115 537 126 325. 94	66. 68
1987	41 621 690	146 133 338 196. 14	68. 56
1988	42 031 247	196 964 195 387. 37	70. 39
1989	42 449 038	243 526 047 716. 92	72. 15
1990	42 869 283	279 349 355 713. 80	73. 84
1991	43 295 704	325 734 233 312. 88	74. 97
1992	43 747 962	350 051 111 253. 44	75. 82
1993	44 194 628	386 302 839 273. 92	76. 65
1994	44 641 540	455 602 962 225. 40	77. 45
1995	45 092 991	556 130 926 912. 75	78. 24
1996	45 524 681	598 099 073 901. 42	78. 66
1997	45 953 580	557 503 074 772. 15	78. 91
1998	46 286 503	374 241 351 752. 48	79. 15
1999	46 616 677	485 248 229 336. 65	79. 38
2000	47 008 111	561 633 125 839. 99	79. 62
2001	47 370 164	533 052 076 313. 53	79. 94
2002	47 644 736	609 020 054 512. 47	80. 30
2003	47 892 330	680 520 724 062. 40	80. 65
2004	48 082 519	764 880 644 710. 65	81. 00
2005	48 184 561	898 137 194 716. 19	81. 35
2006	48 438 292	1 011 797 457 138. 50	81. 53
2007	48 683 638	1 122 679 154 632. 41	81. 63
2008	49 054 708	1 002 219 052 967. 54	81. 73

续表

年份	人口总数（人）	GDP（现价美元）	城市化率（%）
2009	49 307 835	901 934 953 364.71	81.84
2010	49 554 112	1 094 499 338 702.72	81.94
2011	49 936 638	1 202 463 682 633.85	81.92
2012	50 199 853	1 222 807 284 485.31	81.85
2013	50 428 893	1 305 604 981 271.91	81.78
2014	50 746 659	1 411 333 926 201.24	81.71
2015	51 014 947	1 382 764 027 113.82	81.63
2016	51 245 707	1 414 804 158 515.26	81.56
2017	51 466 201	1 530 750 923 148.70	81.50
2018	51 635 256	1 619 423 701 169.63	81.46
2019	—	1 640 000 000 000.00	—

注："—"表示未查询到相关数据。

资料来源：世界银行数据库，https：//www.worldbank.org/；2019 年数据引自中国产业信息网：https：//chyxx.com/。

（四）俄罗斯社会经济

俄罗斯国土辽阔，约为中国国土面积的 1.78 倍，而人口数量只有中国总人口的 1/10 左右，且 3/4 左右的人口集中在欧洲地域部分，但欧洲部分占俄罗斯国土面积仅 1/4，可见此部分的人口密度之大。从人口数量变化趋势来看，20 世纪 90 年代初俄罗斯人口数量开始下降，2005 年逐渐升高，此后又再次下降。分析俄罗斯人口的区域分布特征，由于西伯利亚及其以外地区自然条件恶劣，人口密度稀少，几乎有一半人口集中在中央联邦管区和伏尔加联邦管区。俄罗斯的人口增长率一直都偏低，20 世纪 70 年代以来，历年人口增长率全部低于 0.80%，政府相继出台并实施了一系列鼓励生育的政策及措施，2007 年开始推出针对第二胎母亲的"生育资本"国家补助，该补助可以用于购房、子女教育和二胎母亲的养老金等用途；同年，还实施了"母亲基金"项目，生育的孩子越多，能够申请到的"母亲基金"就越多；三个及以上子女的母亲还能拥有 4 年半的产假，而且产假时间能够计入工龄，生育七个或更多子女的家庭还会被国家颁发"光荣父母勋章"。但是俄罗斯总人口数量不仅增长缓慢，而且多数年份都出现了负增长的现象，2003 年人口数量相较 2002 年降低了 0.46%，降幅为历年之最。[①]

---

① 人口数据引自世界银行数据库，联合国人口司，世界人口展望。

1992 年俄罗斯城市建设就已经达到一定水平，城市化率为 73.39%，在近 30 年的时间里，俄罗斯城市化率水平先是小幅降低，然后又小幅增长，但基本稳定，2018 年为 74.43%，不同于城市化率水平，俄罗斯老年抚养比在总体上略有增长，1991 年老年抚养比 16.00%，2018 年增至 21.77%，据估计，未来数年俄罗斯老年抚养比仍将上升。①

俄罗斯联邦接手了苏联 70% 的 GDP、70% 的军事力量以及 51% 的人口；1991 年 7 月，鲍里斯·尼古拉耶维奇·叶利钦（Boris Nikolayevich Yeltsin）正式任职俄罗斯总统，而他所推崇的大西洋主义思想成为俄罗斯政治、经济以及外交发展的主导力量，由种种原因所致，为解决俄罗斯濒临崩溃的经济状况，俄罗斯政府选择了激进式"休克疗法"，但从实际经济发展情况来看，相较 1991 年，1992 年的 GDP 下滑了 11.13%，1993 年又在 1992 年的基础上下跌了 5.48%，人均 GDP 跌下 3 000 美元，这也迫使政府不得不放弃"休克疗法"，继而转向渐进式，加强宏观调控、私有化趋向长期化、加强社会保障等。1994 ~ 1997 年俄罗斯一直处于经济体制转轨的磨合过程中，经济增速十分缓慢，年均增长率仅有 0.82%；1998 年，俄罗斯还没能顺利转入市场经济体制，又遭遇了世界石油市场价格暴跌的猛烈冲击，卢布剧烈贬值，石油价格暴跌使得原本高度依赖于丰富的能源禀赋的俄罗斯经济迅速走低，GDP 总量下降了 33.09%，降到了 2 597.10 亿美元，甚至连 10 年前（1988 年）的一半都不到，1999 年 GDP 再跌 27.70%；2000 年 5 月 7 日，弗拉基米尔·弗拉基米罗维奇·普京（Vladimir Vladimirovich Putin）正式就任总统之际就正确评价了俄罗斯在世界上的经济及政治地位，并指明了"第三条道路"，积极发展对外贸易，2000 年俄罗斯经济总量达到 2 597.10 亿美元，增长率高达 32.57%，2004 年 3 月普京连任总统，在 2000 ~ 2003 年普京第一任任期内，俄罗斯经济年均增长 18.33%；普京连任后，提出以加速经济发展和强化中央权力为核心发展俄罗斯经济，2004 年俄罗斯 GDP 达到 5 910.17 亿美元，基本实现独立前经济水平，相较上年增长 37.33%，而且俄罗斯经济增长趋势仍在持续，2005 ~ 2007 年 GDP 增长率分别为 29.27%、29.57% 和 31.30%，在普京第二任期期间，俄罗斯年平均经济增长率达到 30.04%，人均 GDP 年均增长幅度高达 30.42%，2007 年人均 GDP 折合 9 101.26 美元，在普京执政的两个任期间，俄罗斯经济实力大幅提升，从 1999 年的第 21 位上升到世界第 10 位；2008 年 5 月，普京正式卸任总统职务，俄罗斯遭受到俄格战争（俄罗斯与格鲁吉亚）的影响，以及再次深受全球金融危机的剧烈冲击，

① 人口数据引自世界银行数据库，联合国人口司，世界人口展望。

国际能源市场油价从高点暴跌，卢布贬值幅度超过 20%，俄罗斯经济增速放缓，2009 年再次陷入衰退当中，降低幅度达到 26.38%，人均 GDP 更是下降了 26.41%。随后通过积极的政策刺激，经济逐渐回暖，2011 年 GDP 首次突破 2 万亿美元，人均 GDP 达到 14 351.21 美元，但在德米特里·梅德韦杰夫（Dmitry Medvedev）执政期间，年平均经济增长率仅为 5.43%；2012 年 5 月，普京再次担任俄罗斯总统，却依然没能改变俄罗斯疲软的经济状态，尤其是 2014 年克里米亚事件过后，以美国为首的西方国家逐渐开始对俄罗斯采取制裁手段，俄罗斯 2015 年全年石油出口收入约下降了 42%，GDP 总量从 2013 年的峰值 22 971.13 亿美元降到了 2014 年的 20 279.62 亿美元，到 2015 年已只有 13 420.88 亿美元，2016 年更是只有 12 623.28 亿美元，人均 GDP 折合美元从 2013 年的 16 007.10 美元降到了 2016 年的 8 745.38 美元，下降幅度高达 45.37%，从数据资料来看，虽然最近两年经济略有增长，但经济增长点依旧匮乏，2015~2019 年俄罗斯年均增长率仅 0.40%，这实在有悖于俄罗斯的世界大国形象。

1992~2019 年俄罗斯社会经济发展指标如表 5-4 所示。

表 5-4　　　　　　　　　1992~2019 年俄罗斯社会经济发展指标

年份	人口总数（人）	GDP（现价美元）	城市化率（%）
1992	148 689 000	460 290 556 900.73	73.39
1993	148 520 000	435 083 713 850.84	73.38
1994	148 336 000	395 077 301 248.46	73.38
1995	148 375 726	395 537 185 734.85	73.37
1996	148 160 042	391 724 890 744.50	73.37
1997	147 915 307	404 928 954 191.88	73.36
1998	147 670 692	270 955 486 862.44	73.36
1999	147 214 392	195 907 128 350.93	73.35
2000	146 596 557	259 710 142 196.94	73.35
2001	145 976 083	306 602 070 620.50	73.35
2002	145 306 046	345 470 494 417.86	73.34
2003	144 648 257	430 347 770 733.16	73.37
2004	144 067 054	591 016 690 742.94	73.42
2005	143 518 523	764 017 107 993.35	73.46
2006	143 049 528	989 930 542 278.68	73.51
2007	142 805 088	1 299 705 764 824.48	73.55

续表

年份	人口总数（人）	GDP（现价美元）	城市化率（%）
2008	142 742 350	1 660 846 387 625.99	73.60
2009	142 785 342	1 222 644 282 200.48	73.64
2010	142 849 449	1 524 917 468 442.60	73.69
2011	142 960 868	2 051 661 732 059.47	73.73
2012	143 201 676	2 210 256 976 944.75	73.79
2013	143 506 911	2 297 128 039 058.16	73.86
2014	143 819 666	2 027 962 149 930.64	73.95
2015	144 096 870	1 342 087 632 599.10	74.05
2016	144 342 396	1 262 328 398 232.67	74.16
2017	144 496 740	1 553 424 791 885.50	74.29
2018	144 478 050	1 630 994 277 338.59	74.43
2019	—	1 690 000 000 000.00	—

注："—"表示未查询到相关数据。

资料来源：世界银行数据库，https//www.worldbank.org/；2019年数据引自中国产业信息网：https://www.chyxx.com/。

（五）朝鲜社会经济

由于朝鲜的政治体制，世界人口大全网站并没有其最新人口数据，在此，我们查阅了世界银行数据库[1]引自联合国人口司所公布的数据，2018年朝鲜全国总人口数量为2 554.98万人，老龄化比例却已经达到了12.50%，[2] 远超过老龄化社会的国际标准，而且老龄化、少子化的严重影响仍在继续恶化。不同于中国的计划生育政策，朝鲜政府鼓励民众积极生育，将女性产假时间从5个月提高到了8个月，并通过物质与荣誉等多种措施和手段奖励3个及更多子女的母亲。同中国人口增长趋势的总体特征相似，朝鲜人口增长率总体上呈现出逐年下降的趋势，1971年这一数值还是2.77%，到1976年首次跌破2.00%的关卡，此后人口增长率持续下降的趋势并未得到改变，在1998年又跌到1.00%以下，朝鲜人口增长率在最近20年内仍然在下降，2018年增长率仅为0.47%，为历年最低。[3] 有学者认为，朝鲜人口峰值将出现在2 500万~2 600万人，这也意味着朝鲜的人口

---

① 世界银行数据库，https://data.worldbank.org.cn/indicator/SP.POP.TOTL? locations = KP&view = chart，访问时间：2020年2月24日。

② 人口数据引自世界银行数据库，联合国人口司，世界人口展望。

③ （南北）韩国银行，http://ecos.bok.or.kr > 국민계정，访问时间：2020年2月25日。

增长率大致会维持在 0.50% ~ 1.00% 的水平之间。此外，朝鲜生育率已经跌到自然更替线以下了。尽管朝鲜在老龄化、少子化及人口增长率等方面不容乐观，但在儿童夭折率上却得到了很大的改善，根据世界儿童基金组织（The United Nations Children's Fund，UNICEF）和世界卫生组织（World Health Organization，WHO）2016 年发布的消息，2015 年朝鲜儿童夭折率大幅降低，已从 1990 年的 43‰降至 25‰，这在一定意义上有利于实现朝鲜人口数量稳定。

如表 5 - 5 所示，朝鲜的城市化率①水平较高，1970 年就达到了 54.20%，而中国直到 2014 年才首次超过这一数值，不过，朝鲜的城市化率在这数十年一直维持着缓慢增长，到 2018 年也仅有 61.90%，与此同时，老年抚养比已从 1970 年的 5.74% 增长到了 2018 年的 13.25%。

表 5 - 5　　　　　　　　1970 ~ 2018 年朝鲜社会经济发展指标

年份	人口总数（人）	城市化率（%）
1970	14 410 400	54.20
1971	14 809 521	54.70
1972	15 207 771	55.20
1973	15 593 351	55.70
1974	15 952 078	56.20
1975	16 274 740	56.70
1976	16 554 746	56.74
1977	16 796 578	56.78
1978	17 015 983	56.82
1979	17 235 666	56.86
1980	17 472 140	56.90
1981	17 731 230	57.05
1982	18 008 564	57.20
1983	18 298 214	57.35
1984	18 590 138	57.50

① 城市化率数据引自世界银行数据库，联合国人口司，世界城市展望。

续表

年份	人口总数（人）	城市化率（%）
1985	18 877 238	57.64
1986	19 156 795	57.79
1987	19 431 986	57.94
1988	19 708 323	58.09
1989	19 993 755	58.24
1990	20 293 054	58.38
1991	20 609 150	58.53
1992	20 937 404	58.68
1993	21 265 834	58.83
1994	21 577 982	58.94
1995	21 862 299	59.02
1996	22 113 438	59.10
1997	22 335 267	59.18
1998	22 536 753	59.26
1999	22 731 482	59.33
2000	22 929 075	59.41
2001	23 132 980	59.49
2002	23 339 453	59.57
2003	23 542 426	59.65
2004	23 732 731	59.73
2005	23 904 167	59.81
2006	24 054 864	59.88
2007	24 188 331	59.96
2008	24 310 142	60.04
2009	24 428 341	60.20
2010	24 548 836	60.38
2011	24 673 385	60.56
2012	24 800 612	60.74
2013	24 929 452	60.92

续表

年份	人口总数（人）	城市化率（%）
2014	25 057 752	61.10
2015	25 183 833	61.28
2016	25 307 744	61.47
2017	25 429 985	61.68
2018	25 549 819	61.90

资料来源：世界银行数据库，https：//www.worldbank.org/。

由于社会体制原因，在各大数据库都很难查询到朝鲜详细的经济数据。根据（南北）韩国银行统计数据，2018 年朝鲜 GDP 总量为 35.90 万亿元，相较上年降低了 4.10%。[①]

（六）蒙古国社会经济

相比东北亚地区其他国家，蒙古国人口数量是最少的，但同时在人口增长率方面也是最乐观的。1987 年蒙古国总人口数量首次突破 200 万人，在 2016 年又超过了 300 万人，2018 年总人口数量为 317.02 万人，其中将近 43% 的人口集中居住在首都乌兰巴托，第二大城市额尔登特拥有人口 9.5 万人，而其他地区则人口稀少。在 20 世纪 90 年代前，蒙古国人口增长率一直稳定在 3.00% 左右，迈进 90 年代后，蒙古国人口增长率大幅度下降，1990～1992 年增长率分别为 2.01%、1.55% 和 1.15%，而且下降趋势仍在继续，1993 年人口增长率更是跌下到 1.00%，此后 10 年均在 1.00% 以下，这也引起了蒙古国政府的高度重视，开始陆续推出一系列鼓励生育政策以刺激国家人口增长——一个男性可以娶两名女子为妻、鼓励公众多生、大肆奖励多子女的母亲，并由总统向她们颁发"光荣母亲"的荣誉奖章。2003 年，蒙古国人口增长率又回升到 1.04%，并持续上升，近 5 年均保持在 2.00% 左右。[②]

世界银行数据库直到 1981 年才首次开始记录蒙古国的经济数据，总体上来看，蒙古国经济呈现出增长与衰减交错的特征：1981 年蒙古国 GDP 总量为 23.10 亿美元，人均 GDP 折合 332.64 美元，之后数年蒙古国 GDP 都呈现出增长趋势，直到 1990 年开始连续 4 年 GDP 下滑，1990 年 GDP 总量为 25.61 亿美元，相较上年（35.77 亿美元）下跌了 28.41%，人均 GDP 也下降到了 1 172.44 美元；1992 年、1993 年 GDP 总量相较上一年跌幅都超过 40.00%，人均 GDP 更是

---

① （南北）韩国银行，http：//ecos.bok.or.kr 국민계정，访问时间：2020 年 2 月 25 日。

② 快易数据，https：//www.kylc.com/stats/global/yearly_per_country/g_population_growth_perc/mng.html。

只有 587.30 美元和 339.52 美元，21 世纪后蒙古国经济缓慢增长，直到 2006 年才基本恢复到 1989 年的发展水平，而且保持着相当乐观的增长率，2000~2008 年年平均增长 22.12%，2008 年 GDP 总量达到 56.23 亿美元，人均 GDP 也首次突破 2 000 美元，达到 2 136.56 美元；在 2009 年蒙古国再次受到冲击，当年 GDP 总量 (45.84 亿美元) 相较 2008 年下降了 18.48%，随后得益于经济政策刺激，又一次高速增长，2011 年 GDP 总量首次破百亿美元，达到 104.10 亿美元，相较于 2010 年增长了 44.80%，在 2009~2012 年之间年均增长率高达 38.93%，2012 年 GDP 总量为 122.93 亿美元，人均 GDP (4 354.87 美元) 首次突破 4 000 美元的关卡；2012 年过后，受矿物及能源价格暴跌的影响，蒙古国经济再次陷入增长低迷的困境中，2014~2016 年连年负增长，2018 年蒙古国 GDP 达到 130.67 亿美元，人均 GDP 折合 4121.73 美元。[1]

1970~2018 年蒙古国社会经济发展指标如表 5-6 所示。

表 5-6　　　　　　1970~2018 年蒙古国社会经济发展指标

年份	人口总数 (人)	GDP (现价美元)	城市化率 (%)
1970	1 278 825	—	45.05
1971	1 317 050	—	45.77
1972	1 356 670	—	46.49
1973	1 397 304	—	47.21
1974	1 438 425	—	47.93
1975	1 479 651	—	48.66
1976	1 520 865	—	49.38
1977	1 562 209	—	50.10
1978	1 603 906	—	50.83
1979	1 646 291	—	51.49
1980	1 689 622	—	52.08
1981	1 733 475	2 310 099 100.00	52.68
1982	1 777 727	2 552 401 933.33	53.27
1983	1 823 216	2 725 736 633.33	53.86
1984	1 871 090	2 098 734 600.00	54.45
1985	1 921 881	2 186 505 475.00	55.04
1986	1 976 310	2 896 178 866.67	55.63

① 世界银行数据库 (World Bank National Accounts Data, and OECD National Accounts Data Files)。

续表

年份	人口总数（人）	GDP（现价美元）	城市化率（%）
1987	2 033 344	3 020 611 600.00	56.22
1988	2 089 715	3 204 461 566.67	56.80
1989	2 141 011	3 576 966 800.00	57.08
1990	2 184 145	2 560 785 660.00	57.03
1991	2 217 917	2 379 018 326.32	56.99
1992	2 243 495	1 317 611 863.85	56.94
1993	2 263 186	768 401 634.15	56.90
1994	2 280 479	925 817 092.22	56.85
1995	2 298 020	1 452 165 005.24	56.81
1996	2 316 568	1 345 719 472.36	56.76
1997	2 335 734	1 180 934 202.84	56.71
1998	2 355 664	1 124 440 248.98	56.67
1999	2 376 225	1 057 408 588.68	56.62
2000	2 397 418	1 136 896 123.61	57.13
2001	2 419 588	1 267 997 934.31	58.22
2002	2 443 271	1 396 555 719.97	59.30
2003	2 468 762	1 595 297 355.78	60.38
2004	2 496 391	1 992 066 808.10	61.44
2005	2 526 424	2 523 471 532.01	62.49
2006	2 558 856	3 414 055 566.11	63.54
2007	2 593 820	4 234 999 823.31	64.56
2008	2 631 898	5 623 216 448.87	65.58
2009	2 673 796	4 583 850 367.89	66.58
2010	2 719 896	7 189 481 824.07	67.57
2011	2 770 362	10 409 797 649.31	67.96
2012	2 824 699	12 292 770 631.20	68.03
2013	2 881 792	12 582 122 604.19	68.10
2014	2 940 108	12 226 514 722.09	68.16
2015	2 998 439	11 749 620 619.60	68.23
2016	3 056 359	11 186 734 674.38	68.30
2017	3 113 779	11 425 755 279.54	68.36
2018	3 170 208	13 066 749 138.33	68.45

注："—"表示未查询到相关数据。

资料来源：世界银行数据库，https：//www.worldbank.org/。

二、能源消费现状[①]

根据英国石油公司 BP Amoco 统计数据，2018 年全球一次能源快速增长，全年一次能源消费 138.65 亿吨油当量，再度刷新近百年来的最高纪录。相比 2017 年，全球煤炭消费量增长 1.40%，为近 5 年之最，而东北亚地区国家贡献了消费增长的绝大部分，中国、俄罗斯、日本和韩国都是能源消费大国，在全球一次能源消费总量中累计占比达 34.25%。[②] 2018 年中、日、韩、俄一次能源消费结构构成如表 5 - 7 所示。由于缺失朝鲜和蒙古国的相关数据，故本部分只分析中、日、韩、俄四国能源消费现状。

表 5 - 7　　　　　　2018 年中、日、韩、俄一次能源消费结构构成　　　　单位：亿吨油当量

指标	中国	日本	韩国	俄罗斯
石油	6.41	1.82	1.29	1.52
天然气	2.43	0.99	0.48	3.91
煤炭	19.07	1.17	0.88	0.88
核能	0.67	0.11	0.30	0.46
氢能	2.72	0.18	0.01	0.43
可再生能源	1.44	0.25	0.05	0.00
总计	32.73	4.54	3.01	7.21

资料来源：根据英国石油公司（BP）统计数据，http://www.bp.com/statisticalreview。

（一）中国能源消费

2019 年中国全年能源消费总量 48.60 亿吨标准煤，其中，煤炭占比将近 57.70%，天然气等清洁能源占比 23.40%。[③] 2018 年中国一次能源消费量（32.73 亿吨油当量）连续 10 年位居全球首位[④]，占全球消费总量的 23.61%，遥遥领先于其他国家，约为排在第二位的美国的 1.42 倍之多。

---

① 如无特殊说明，本部分能源消费数据均引自英国石油公司（BP）统计数据。

② http://www.bp.com/statisticalreview，访问日期：2020 年 2 月 26 日。

③ 数据引自国家统计局最新发布的《中华人民共和国 2019 年国民经济和社会发展统计公报》。

④ 数据引自石油消费国政府间的经济联合组织——国际能源机构（International Energy Agency，IEA）的统计资料。

　　2000～2018年中国经济总量年平均增长率高达12.97%，与此同时，能源消费总量增长态势惊人，2000年全国全年消费一次能源10.11亿吨油当量，2000～2018年期间一次能源消费量年平均增长6.75%，增速为全球之最。[①]

　　1965～2018年中国化石能源消费结构如表5-8所示。煤炭、石油等化石燃料在中国能源消费结构中占据着十分重要的地位，2018年煤炭消费总量多达19.07亿吨油当量，在全年能源消费总量中占比约为58.25%。

表5-8　　　　　　　　　　1965～2018年中国化石能源消费结构　　　　　　　单位：亿吨油当量

年份	石油	煤炭	天然气
1965	0.11	1.14	0.01
1966	0.14	1.22	0.01
1967	0.14	1.09	0.01
1968	0.15	1.08	0.01
1969	0.20	1.30	0.02
1970	0.28	1.66	0.02
1971	0.38	1.91	0.03
1972	0.44	2.02	0.04
1973	0.54	2.05	0.05
1974	0.62	2.03	0.07
1975	0.68	2.29	0.08
1976	0.78	2.34	0.09
1977	0.82	2.58	0.11
1978	0.91	2.83	0.12
1979	0.91	2.93	0.13
1980	0.87	3.04	0.12
1981	0.82	3.03	0.11
1982	0.81	3.20	0.10
1983	0.83	3.43	0.11
1984	0.86	3.73	0.11
1985	0.90	4.07	0.11
1986	0.95	4.26	0.12

　　[①]　数据引自石油消费国政府间的经济联合组织——国际能源机构（International Energy Agency，IEA）的统计资料。

续表

年份	石油	煤炭	天然气
1987	1.01	4.62	0.12
1988	1.09	4.96	0.12
1989	1.14	5.20	0.13
1990	1.13	5.27	0.13
1991	1.22	5.53	0.13
1992	1.32	5.79	0.14
1993	1.46	6.17	0.15
1994	1.48	6.57	0.15
1995	1.60	6.65	0.15
1996	1.76	6.96	0.16
1997	1.92	6.82	0.17
1998	1.97	6.77	0.18
1999	2.09	6.96	0.19
2000	2.24	7.06	0.21
2001	2.29	7.43	0.24
2002	2.48	8.14	0.25
2003	2.76	9.70	0.29
2004	3.23	11.31	0.34
2005	3.28	13.25	0.40
2006	3.52	14.55	0.50
2007	3.70	15.84	0.61
2008	3.77	16.09	0.70
2009	3.94	16.86	0.78
2010	4.49	17.49	0.94
2011	4.66	19.04	1.16
2012	4.88	19.28	1.30
2013	5.09	19.69	1.48
2014	5.29	19.54	1.62
2015	5.62	19.14	1.67
2016	5.74	18.89	1.80
2017	5.98	18.90	2.07
2018	6.28	19.07	2.43

资料来源：英国石油公司（BP）统计数据，http://www.bp.com/statisticalreview。

　　1971 年化石燃料消费在一次能源消费总量中占比仅 59.90%，此后随着社会经济迅速增长，化石燃料被大量消耗，到 2001 年，这一指标已超过了 81.00%，而且化石燃料所占比重仍在上升。"十二五"以来，能源消费结构调整成为中国经济低碳发展的一项重要任务，近些年来传统化石能源占比不断下降，可再生能源的比重持续上升。2011 年中国化石燃料能耗占总量的百分比达到峰值，为88.90%，而可再生能源占比近 5.26%，随着中央及各级政府的高度重视，一系列政策及法律法规相继实施，以煤炭为主的化石燃料在能源总量中的比重逐渐降低，2018 年已降至 77.80%，其中煤炭消费量占比 59.00%，相较上年下降1.40%，消耗石油 87 696.00 万吨标准煤，约占 18.91%；可再生能源所占比重提升至 22.20%，这表明中国能源消费正逐步向多元、清洁的能源结构发展[①]。

> 　　近年中国政府出台的相关能源政策：
> 　　（1）《全国人民代表大会常务委员会关于修改〈中华人民共和国清洁生产促进法〉的决定》；
> 　　（2）《中国的能源政策》；
> 　　（3）《国务院办公厅关于印发能源发展战略行动计划（2014 - 2020 年）的通知》；
> 　　（4）《关于促进煤炭安全绿色开发和清洁高效利用的意见》；
> 　　（5）《煤炭清洁高效利用行动计划（2015 - 2020 年）》；
> 　　（6）《能源生产和消费革命战略（2016 - 2030）》。

（二）日本能源消费

　　日本国内石油等矿产能源稀缺，因此能源消费很大程度上依赖于进口，20世纪 70 年代日本的能源进口依存度一度超过 93.00%，1970 年日本消费一次能源共计 2.78 亿吨油当量，其中化石燃料消费量占比高达 97.01%，这也使得1973 年石油危机爆发对日本经济发展造成了惨重的损失，让此前年均 9.30% 的实际经济增长率骤降至 4.00%，为避免再次遭遇能源危机，调整优化能源消费结构成为日本政府高度重视的发展方向，并相继制定出台了一系列相关政策与措施，如 1974 年"阳光计划"、1978 年"月光计划"、1979 年《合理使用能源法》、1989 年"环境保护技术开发计划"、2007 年《能源基本计划修正案》、2014年《能源基本计划》等。1965 ~ 2018 年日本化石能源消费结构如表 5 - 9 所示。

---

　　① 数据根据英国石油公司（BP）统计数据整理。

表 5 - 9　　　　　　　1965～2018 年日本化石能源消费结构　　　单位：亿吨油当量

年份	石油	煤炭	天然气
1965	0.88	0.49	0.02
1966	1.00	0.52	0.02
1967	1.23	0.57	0.02
1968	1.43	0.59	0.02
1969	1.69	0.63	0.02
1970	1.99	0.60	0.03
1971	2.20	0.55	0.03
1972	2.34	0.54	0.03
1973	2.69	0.57	0.05
1974	2.59	0.60	0.06
1975	2.44	0.56	0.08
1976	2.54	0.55	0.09
1977	2.59	0.52	0.11
1978	2.64	0.47	0.15
1979	2.67	0.50	0.18
1980	2.38	0.58	0.22
1981	2.24	0.65	0.22
1982	2.10	0.62	0.22
1983	2.09	0.61	0.24
1984	2.20	0.69	0.32
1985	2.08	0.72	0.34
1986	2.10	0.68	0.35
1987	2.10	0.70	0.36
1988	2.26	0.75	0.38
1989	2.35	0.75	0.40
1990	2.46	0.78	0.43
1991	2.50	0.77	0.46
1992	2.56	0.76	0.48
1993	2.50	0.78	0.48
1994	2.65	0.81	0.51
1995	2.69	0.84	0.52
1996	2.71	0.87	0.56

续表

年份	石油	煤炭	天然气
1997	2.67	0.89	0.58
1998	2.56	0.85	0.60
1999	2.61	0.89	0.63
2000	2.57	0.96	0.65
2001	2.49	0.98	0.67
2002	2.44	1.04	0.65
2003	2.50	1.07	0.72
2004	2.44	1.10	0.69
2005	2.47	1.14	0.71
2006	2.38	1.12	0.76
2007	2.31	1.18	0.82
2008	2.25	1.20	0.85
2009	2.00	1.02	0.80
2010	2.03	1.16	0.86
2011	2.04	1.10	0.96
2012	2.18	1.16	1.06
2013	2.07	1.21	1.06
2014	1.97	1.19	1.07
2015	1.90	1.19	1.02
2016	1.84	1.19	1.00
2017	1.81	1.20	1.01
2018	1.76	1.18	1.00

资料来源：英国石油公司（BP）统计数据，http：//www.bp.com/statisticalreview。

自 2005 年实现一次能源消费总量达到峰值 5.31 亿吨油当量以来，日本能源消费总量在总体上呈现出不断降低的趋势，自 2011 年开始已基本稳定在 4.80 亿吨油当量的消费总量水平以下，并仍在持续减少。2018 年日本全年消费一次能源约 4.61 亿吨油当量[①]，相较 2005 年下降幅度高达 13.08%，人均使用能源 3.43 吨油当量，相较 2004 年 4.08 吨油当量的峰值降低幅度达 15.93%。尽管化石燃料能耗在总量中所占的百分比仍然在 89.14% 左右，但在一次能源消费结构

---

① 日本能源经济研究所（Institute of Energy Economics Japan，IEEJ）2019 年 2 月 13 日消息。IEEJ 成立于 1966 年 6 月，旨在从国际经济整体角度研究能源领域问题。

中，石油占比仅 39.12%，煤炭占 26.51%，天然气所占比重为 23.51%，已基本实现能源多元化、均衡化，但日本的能源进口依存度依然高达 80.00% 以上。

日本政府大力扶持新能源技术研发，并积极推广新能源使用，欲以此改善国内传统化石能源匮乏的问题，根据统计，2015 年日本清洁能源消费量在能源总量中的占比已从 1970 年的 0 增至 7.76%，远高于东北亚地区其他国家，处于全球领先集团。太阳能、风能、生物质能、潮汐能以及地热能都是日本政府高度重视的可再生能源，其中，日本近些年来在光伏发电技术上取得的成就尤为突出，截至 2017 年底，日本光伏并网装机量累计达到 37.82 吉瓦。根据日本政府的相关规划，到 2030 年要将太阳能、风能、潮汐能等可再生能源发电比例增至 22% ~ 24%，其中，光伏发电为 7.00%[①]。

（三）韩国能源消费

20 世纪 70 年代，韩国经济实现腾飞，但与此同时，能源消费量增速惊人，1965 年韩国一次能源消费总量为 0.06 亿吨油当量，到 2018 年已经增长到 3.01 亿吨油当量，为全球第八大能源消费国。[②] 1962 年韩国能源供给基本能够满足国内生产及生活需求，自给率在 90.00% 以上，但在朴正熙政府经济赶超战略的驱动下，能源需求，尤其是工业生产需求剧烈增长，韩国能源自给率骤跌，1979 年朴正熙，执政时期结束时国内能源自给率已不足 50.00%，到 2000 年更是跌至 10.50%。21 世纪以来，韩国能源自给率更是始终只有个位数的水平。[③]

为解决国内严重的能源危机问题，韩国政府相继出台了一系列相关政策与措施，如 1987 年《新能源和可再生能源发展促进法》、2007 年 "10 万户太阳能屋顶计划"、2012 年可再生能源配额制、2017 年 "2030 年可再生能源计划"、2019 年 "第三个能源基本规划" 等。

从能源消费结构角度来看，韩国能源结构得到不断改善：1971 年化石燃料能耗在能源消费总量中的占比高达 99.33%，可再生能源占比为 0；1986 年化石燃料占比降至 90.00% 以下，并持续降低，到 2015 年仅占比 81.03%，其中，石油 1.14 亿吨油当量，消耗煤炭 0.85 亿吨油当量，天然气 45.65 亿立方米（约合 0.39 亿吨油当量）。全年人均消费一次能源 246.30 千兆焦耳，而清洁能源消费量达 0.30 亿吨油当量，可再生能源消耗 5 亿吨油当量，其发电量在总发电量中

---

① 数据引自日本政府在 2018 年 6 月内阁会议上通过的 2017 年度版《能源白皮书》。

② 数据引自英国石油公司（BP）统计数据。

③ 数据引自 KOSIS 韩国国家统计厅统计数据。

的比重增至 1.50%，全国全年发电量约为 594.30 千瓦时，预计在韩国政府相关政策及措施的推动下，可再生能源发电的占比仍将持续上涨。[①]

1979~2018 年韩国化石能源消费结构如表 5-10 所示。

表 5-10　　　　　　　　1979~2018 年韩国化石能源消费结构　　　　单位：亿吨油当量

年份	石油	煤炭	天然气
1979	0.24	0.12	—
1980	0.24	0.13	—
1981	0.24	0.15	—
1982	0.24	0.16	—
1983	0.25	0.17	—
1984	0.25	0.20	—
1985	0.26	0.22	—
1986	0.28	0.23	0.00
1987	0.30	0.24	0.02
1988	0.36	0.25	0.02
1989	0.41	0.25	0.02
1990	0.50	0.24	0.03
1991	0.60	0.24	0.03
1992	0.72	0.24	0.04
1993	0.79	0.26	0.05
1994	0.87	0.27	0.07
1995	0.95	0.28	0.08
1996	1.01	0.32	0.11
1997	1.11	0.35	0.13
1998	0.94	0.36	0.13
1999	1.01	0.38	0.15
2000	1.04	0.43	0.17
2001	1.04	0.46	0.19
2002	1.05	0.49	0.21
2003	1.06	0.51	0.22
2004	1.05	0.53	0.26

---

① 英国石油公司（BP）统计数据，http://www.bp.com/statisticalreview。

续表

年份	石油	煤炭	天然气
2005	1.05	0.55	0.27
2006	1.05	0.57	0.29
2007	1.08	0.60	0.31
2008	1.03	0.66	0.32
2009	1.04	0.69	0.31
2010	1.05	0.77	0.39
2011	1.06	0.84	0.42
2012	1.09	0.81	0.45
2013	1.09	0.82	0.47
2014	1.08	0.84	0.43
2015	1.14	0.85	0.39
2016	1.23	0.82	0.41
2017	1.23	0.86	0.43
2018	1.22	0.88	0.48

注："—"表示未查询到相关数据。

资料来源：英国石油公司（BP）统计数据，http://www.bp.com/statisticalreview。

（四）俄罗斯能源消费

俄罗斯能源储量丰富，据统计，石油储量约 65 亿吨，煤炭总储量超过 5 万亿吨，可采储量在 2 000 亿吨以上，相当于世界总可采储量的 12%，仅次于美国和中国[1]；同时，俄罗斯还是仅次于伊朗的全球第二大天然气储量国。

与东北亚地区其他国家严重依赖于能源进口的状况有所不同，拥有世界上大量潜在能源的俄罗斯逐渐发展成为能源出口型经济体，欧盟和中国是其主要的能源出口方向，2017 年俄罗斯原油出口总量为 2.76 亿吨当量，其中，欧盟（1.53 亿吨）和中国（0.72 亿吨）分别占比 55.43% 和 26.09%。2019 年出口煤炭数量高达 1.91 亿吨；石油产量多达 5.63 亿吨，其中 2.67 亿吨用于能源出口，出口比例高达 47.42%，石油出口量相较上年增长 2.70%，然而石油出口金额为 1 214.40 亿美元，同比降低幅度超过 6.00%[2]，这主要是受国际石油市场价格走低的影响。

---

① 范延新. 俄罗斯煤炭的主要产地研究 [J]. 黑龙江科学，2018，9（11）：157–158.

② 数据引自俄罗斯联邦能源部（Energy Ministry of Russian Federation）公布的初步统计数据。

　　高度依赖于出口的能源产业增长方式使得俄罗斯经济极易遭受到国际能源市场波动的影响。为有效利用能源，并充分利用能源优势，避免俄罗斯陷入"资源诅咒"①，俄罗斯政府先后制定并颁布实施了一系列政府令以改革能源领域的结构性问题。《2030 年前俄罗斯能源战略》指出，到 2030 年俄罗斯对能源行业的依赖度将大幅降低。

　　俄罗斯除了是能源出口大国之外，还是能源消费大国：2018 年俄罗斯共计消费一次能源 7.21 亿吨油当量，消费总量位居全球第四，占全球一次能源消费总量的 5.00%，仅次于美国、中国和印度。2018 年俄罗斯消耗天然气 3.91 亿吨油当量，石油 1.46 亿吨油当量，煤炭 0.88 亿吨油当量，核能和氢能消费量分别为 0.46 亿吨油当量和 0.43 亿吨油当量，清洁能源发电量占总发电量的比例过低，截至 2018 年还不足 0.50%，②但从整体上来看，相较于 1990 年，目前俄罗斯的能源消费结构趋向多元化、均衡化以及低碳化。

　　1992~2018 年俄罗斯化石能源消费结构如表 5-11 所示。

表 5-11　　　　　　　1992~2018 年俄罗斯化石能源消费结构　　　　单位：亿吨油当量

年份	石油	煤炭	天然气
1992	2.35	1.57	3.54
1993	1.96	1.42	3.53
1994	1.73	1.24	3.31
1995	1.51	1.19	3.20
1996	1.30	1.17	3.22
1997	1.28	1.08	2.97
1998	1.23	1.01	3.09
1999	1.26	1.02	3.08
2000	1.23	1.06	3.15
2001	1.27	1.03	3.20
2002	1.22	1.04	3.24
2003	1.26	1.04	3.32

---

　　① 资源诅咒（resource curse），又称"富足的矛盾"（paradox of plenty），是指如果一个国家始终过分依赖其所拥有的大量资源，产业结构难以转型升级，那么从长期来看，这个国家会陷入经济增长缓慢的窘境，丰富的资源对其不再是祝福，而是诅咒。

　　② 数据引自英国石油公司（BP）统计数据。

续表

年份	石油	煤炭	天然气
2004	1.25	1.00	3.40
2005	1.25	0.95	3.44
2006	1.30	0.97	3.63
2007	1.30	0.94	3.69
2008	1.34	1.01	3.64
2009	1.28	0.92	3.42
2010	1.33	0.91	3.65
2011	1.42	0.94	3.75
2012	1.45	0.98	3.69
2013	1.44	0.91	3.65
2014	1.52	0.88	3.63
2015	1.44	0.92	3.51
2016	1.48	0.89	3.62
2017	1.46	0.84	3.71
2018	1.46	0.88	3.91

资料来源：英国石油公司（BP）统计数据，http://www.bp.com/statisticalreview。

三、碳排放核算及现状

根据 BP 公司的统计数据，2018 年全年全球因化石燃料使用所产生的能源 CO_2 排放量达 338.91 亿吨，同比增长 1.95%，增速为近 7 年之最，远高于前 10 年 1.02% 的平均水平。其中，印度、美国以及中国是全球增速最快的三个国家。中国、俄罗斯、日本和韩国的二氧化碳排放量均位于全球前十，四个国家的排放量相当于全球总排放量的 37.84%。[1] 由于缺失朝鲜和蒙古国的相关数据，故本部分只分析中、日、韩、俄四国碳排放现状。

（一）中国碳排放

2019 年，中国生态环境部发布的报告指出，2018 年已提前且超额实现减排

---

[1]　本部分 2018 年碳排放量总量数据均来自 BP 公司统计数据，其他温室气体数据引自世界银行数据库、美国田纳西州橡树岭国家实验室环境科学部二氧化碳信息分析中心。

40%～45% 的目标。①

尽管碳排放强度逐年降低，但中国的碳排放量呈现出不断增长的趋势：1965年这一数值仅为 4.89 亿吨，还不到美国排放量的 14.09%；随着优先发展重工业的赶超战略深入实施，化石能源被大量消耗，工业生产大量的二氧化碳被排放到大气中，到 1978 年改革开放时，全国二氧化碳排放量为 14.62 亿吨，1965～1978 年间，排放量年平均增长 8.55%；进入 21 世纪以来，中国的二氧化碳排放量增势不减，2000 年为 34.05 亿吨，约为美国的 58.50%；2003 年中国的二氧化碳排放量首次突破 40 亿吨，达 45.40 亿吨，并且排放量的增长速度不断加快；2010 年为 87.76 亿吨，已超过 80 亿吨，在 2003～2010 年间，排放量年均增长 8.71%；2011 年以来，中国更加主动地参与到国际气候变化谈判进程中去，并积极推动在全国及部分省市建构二氧化碳减排的布局，在相关的节能减排和低碳政策及措施的驱动下，排放量增速明显放缓，近 5 年的年平均增长速度仅为 0.44%。2018 年中国由化石燃料消耗所产生的二氧化碳排放量为 94.29 亿吨，相当于全球排放量的 27.82%；美国排名第二，排放量为 51.45 亿吨；第三位的印度为 24.79 亿吨。②

2000～2018 年中国由能源消耗所产生的二氧化碳排放量如图 5-1 所示。

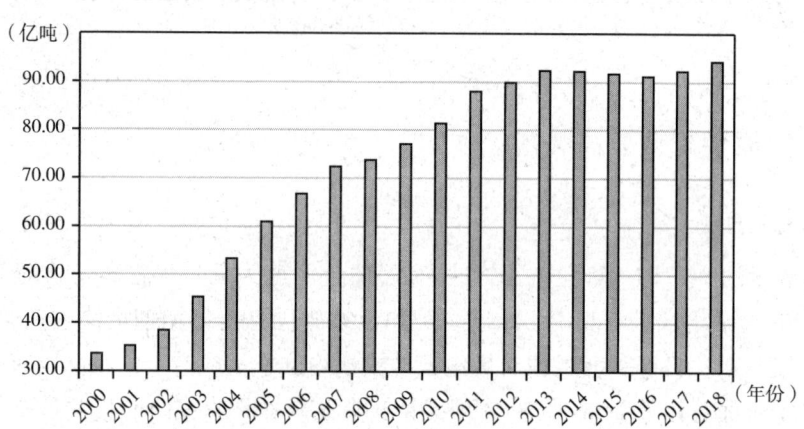

图 5-1　2000～2018 年中国由能源消耗所产生的二氧化碳排放量

资料来源：英国石油公司（BP）统计数据，http://www.bp.com/statisticalreview。

和二氧化碳排放量变化趋势相同，其他温室气体排放量很高，而且呈现出持

---

① 数据引自 2019 年 11 月 27 日，生态环境部发布的《中国应对气候变化的政策与行动 2019 年度报告》。

② 数据引自 BP 公司 2019 年出版的统计资料《世界能源统计年鉴》（*Statistical Review of World Energy*）。

续增长的趋势：世界银行数据库数据显示，2012 年中国温室气体总排放量高达124.55 亿吨二氧化碳当量，其中，二氧化碳排放量为 100.29 亿吨，甲烷 17.52亿吨二氧化碳当量，一氧化氮 5.87 亿吨二氧化碳当量，六氟化硫、氢氟碳化物、全氟化碳总计 1.42 亿吨二氧化碳当量。而在 1970 年温室气体总排放量仅 18.74亿吨二氧化碳当量，其中包括二氧化碳排放量为 7.72 亿吨，相当于总排放量的41.16%；2008 年温室气体二氧化碳当量总排放量首次突破 100 亿吨，达到100.22 亿吨，其中，二氧化碳 75.53 亿吨，占比 75.36%；分析中国温室气体的结构，二氧化碳所占的比重不断增加，一氧化氮占比小幅降低，甲烷排放量的比重剧烈下跌，而其他温室气体的比例波动不大。

　　从各类温室气体源来看，农业是产生一氧化氮和甲烷最多的产业部门，1970年农业部门排放一氧化氮 1.04 亿吨二氧化碳当量，占比 74.65%；农业甲烷排放量 5.46 亿吨二氧化碳当量，占总排放量的 69.91%；2008 年农业部门分别排放一氧化氮和甲烷 3.75 亿吨二氧化碳当量和 5.78 亿吨二氧化碳当量，占比分别为74.71% 和 37.59%；电力、热力的生产和供应业以及制造业和建筑业产生的二氧化碳最多，1971 年制造业和建筑业排放的二氧化碳占总排放量的 48.75%，电力、热力的生产和供应业占比为 17.37%，制造业和建筑业的排放量占比不断下降，而电力、热力的生产和供应业的比重在持续上升；1991 年电力、热力的生产和供应业的占比首次超过制造业和建筑业，分别为 36.32% 和 35.61%；1991年过后，电力、热力的生产和供应业的二氧化碳排放量占比先是增加、2000 年后小幅变动，而制造业和建筑业的比重则相对稳定，在 30.00% 左右；2014 年电力、热力的生产和供应业二氧化碳排放量的比重为 52.25%，制造业和建筑业为 31.72%。[①]

　　1970 ~2014 年中国温室气体排放量构成如表 5 – 12 所示。

表 5 – 12　　　　　　　1970 ~2014 年中国温室气体排放量构成　　单位：亿吨二氧化碳当量

年份	温室气体	二氧化碳	一氧化氮	甲烷	其他（六氟化硫、氢氟碳化物、全氟化碳）
1970	18.74	7.72	1.39	7.81	0.51
1971	19.14	8.77	1.42	8.14	0.52
1972	20.00	9.32	1.49	8.26	0.58
1973	20.57	9.69	1.58	8.27	0.64

---

　　① 世界银行数据库，https：//data.worldbank.org.cn/。

年份	温室气体	二氧化碳	一氧化氮	甲烷	其他（六氟化硫、氢氟碳化物、全氟化碳）
1974	20.74	9.88	1.54	8.31	0.65
1975	22.64	11.46	1.66	8.55	0.76
1976	23.28	11.96	1.73	8.62	0.82
1977	25.16	13.10	1.91	8.72	0.95
1978	27.26	14.62	2.09	8.77	1.02
1979	27.74	14.95	2.22	8.74	0.99
1980	27.57	14.67	2.37	8.69	1.10
1981	27.24	14.52	2.34	8.61	1.07
1982	28.15	15.80	2.42	8.71	1.13
1983	29.51	16.67	2.60	8.91	1.31
1984	31.36	18.15	2.71	9.09	1.43
1985	31.43	19.67	2.63	9.09	1.46
1986	32.83	20.69	2.70	9.26	1.62
1987	33.49	22.10	3.00	9.41	0.55
1988	36.81	23.70	3.16	9.62	2.05
1989	38.01	24.09	3.25	9.92	2.22
1990	38.93	24.42	3.40	10.17	2.30
1991	40.35	25.66	3.45	10.14	2.50
1992	41.72	26.90	3.54	10.10	2.80
1993	43.98	28.79	3.47	10.03	1.94
1994	46.13	30.58	3.63	10.20	2.20
1995	50.42	33.20	4.08	10.75	2.28
1996	51.82	34.63	4.24	10.93	3.51
1997	51.14	34.70	4.04	10.67	2.50
1998	51.41	33.24	4.14	10.60	1.97
1999	50.79	33.18	4.14	10.56	2.00
2000	50.82	34.05	4.14	10.43	−0.14

续表

年份	温室气体	二氧化碳	一氧化氮	甲烷	其他（六氟化硫、氢氟碳化物、全氟化碳）
2001	51.46	34.88	4.22	10.52	−1.41
2002	54.75	38.50	4.22	10.86	−1.43
2003	62.27	45.40	4.24	11.47	−1.04
2004	71.17	52.34	4.51	12.51	−0.65
2005	78.04	58.97	4.61	13.28	−1.69
2006	85.73	65.29	4.79	13.93	−1.71
2007	91.24	70.31	4.92	14.44	−3.26
2008	100.22	75.53	5.03	15.37	2.90
2009	106.17	80.01	5.28	15.83	2.88
2010	111.84	87.76	5.50	16.42	0.53
2011	120.64	97.34	5.69	16.97	0.22
2012	124.55	100.29	5.87	17.52	1.42
2013	—	102.58	—	—	—
2014	—	102.92	—	—	—

注："—"表示未查询到相关数据。

资料来源：世界银行数据库，https：//data.worldbank.org.cn/。

（二）日本碳排放

由于能源利用技术水平不断提高，尤其是近些年来在洁净煤技术、碳捕捉和封存技术方面取得的突破性成果，日本的碳排放强度，即单位 GDP 所产生的二氧化碳排放量不仅远低于东北亚地区其他国家，甚至在全球范围内都处于领先水平。

从目前的二氧化碳排放量变化趋势来看，2018 年日本全年因使用化石燃料而产生的二氧化碳排放量位居全球第五位，仅次于中国、美国、印度和俄罗斯，达 11.48 亿吨，相较 1990 年的 10.86 亿吨不但没有下降，反而增加了 5.71%。在 2012 年时实现碳排放量达峰，为 12.86 亿吨，近些年来，日本的二氧化碳排放量连年降低，但是年平均降低幅度偏低，仅 1.86%，如果按照这个趋势继续发展，那么到 2020 年底日本不但无法如约实现向国际社会所做出的减排承诺，二氧化碳排放量反而会增加。[①]

2000～2018年日本由能源消耗所产生的二氧化碳排放量如图5-2所示。

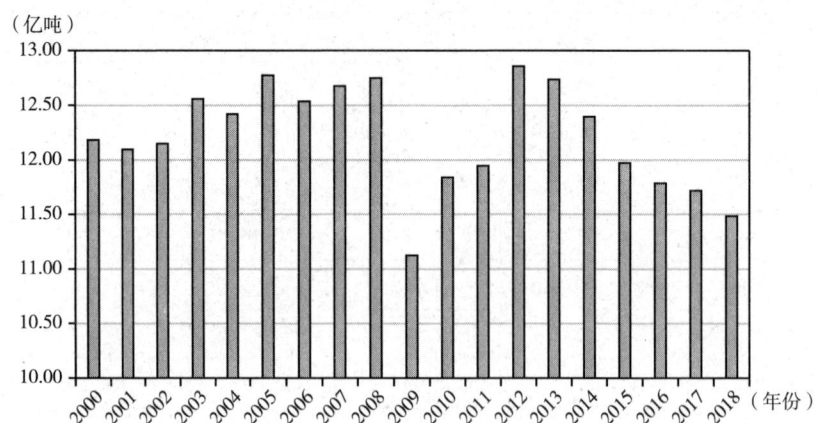

（亿吨）

图5-2　2000～2018年日本由能源消耗所产生的二氧化碳排放量

资料来源：BP公司统计数据，http://www.bp.com/statisticalreview。

2012年日本温室气体总排放量为14.79亿吨二氧化碳当量，其中，二氧化碳排放量12.30亿吨，占比高达83.13%；六氟化硫、氢氟碳化物、全氟化碳总计1.15亿吨二氧化碳当量；甲烷0.39亿吨二氧化碳当量；一氧化氮0.25亿吨二氧化碳当量。二氧化碳在总量中所占的比重始终在80.00%以上；电力、热力的生产和供应业，制造业和建筑业是产生二氧化碳排放量最多的两个部门，1970年所占比重分别为38.00%和35.71%，电力、热力的生产和供应业产生的温室气体排放量在总量中的占比在持续增加，而制造业和建筑业的比重不断降低，到2014年二者二氧化碳排放量在总排放量中的百分比分别为53.10%和19.18%；一氧化氮排放量呈现出先增加、后降低的特征，1970年为0.31亿吨二氧化碳当量；在1997年达到峰值0.38亿吨二氧化碳当量；在此之后，排放量不断减少，2001年已经跌至少于0.30亿吨二氧化碳当量的水平，1997～2012年这15年间，一氧化氮排放量年平均降低幅度达2.90%，高于二氧化碳排放量变动程度；甲烷排放量则在不断减少，1970年这一数值还是1.02亿吨二氧化碳当量，到2012年已不足0.40亿吨二氧化碳当量。

1970～2014年日本温室气体排放量构成如表5-13所示。

---

① 数据引自英国石油公司（BP）统计资料。

表 5 – 13　　　　　1970～2014 年日本温室气体排放量构成　　　单位：亿吨二氧化碳当量

年份	温室气体	二氧化碳	一氧化氮	甲烷	其他（六氟化硫、氢氟碳化物、全氟化碳）
1970	9.41	7.69	0.31	1.02	-0.48
1971	9.60	7.98	0.31	0.93	-0.18
1972	10.09	8.53	0.33	0.89	-0.13
1973	11.27	9.16	0.35	0.88	-0.11
1974	11.24	9.16	0.34	0.87	-0.11
1975	10.68	8.70	0.31	0.85	-0.07
1976	11.02	9.09	0.31	0.86	-0.04
1977	11.33	9.35	0.32	0.86	0.01
1978	11.31	9.04	0.33	0.80	0.05
1979	11.59	9.56	0.34	0.79	0.07
1980	11.36	9.48	0.33	0.77	0.13
1981	11.06	9.30	0.32	0.76	0.07
1982	10.64	9.00	0.34	0.75	0.07
1983	10.70	8.84	0.35	0.75	0.12
1984	11.37	9.40	0.35	0.75	0.10
1985	11.13	9.15	0.35	0.75	0.12
1986	11.11	9.15	0.36	0.74	0.14
1987	11.11	9.06	0.36	0.70	0.11
1988	11.87	9.89	0.37	0.68	0.15
1989	12.17	10.26	0.38	0.68	0.15
1990	13.05	10.96	0.37	0.67	0.43
1991	13.19	10.99	0.37	0.65	0.51
1992	13.31	11.24	0.37	0.65	0.58
1993	13.33	11.10	0.37	0.64	0.71
1994	13.86	11.73	0.37	0.63	0.67
1995	14.22	11.83	0.38	0.60	0.90
1996	14.24	12.05	0.38	0.57	0.82
1997	14.14	12.01	0.38	0.54	0.81
1998	13.71	11.58	0.38	0.51	0.81
1999	13.99	11.97	0.32	0.49	0.75
2000	14.06	12.21	0.30	0.47	0.68

续表

年份	温室气体	二氧化碳	一氧化氮	甲烷	其他（六氟化硫、氢氟碳化物、全氟化碳）
2001	13.88	12.03	0.29	0.46	0.67
2002	14.22	12.20	0.29	0.44	0.66
2003	14.28	12.42	0.29	0.43	0.68
2004	14.27	12.66	0.28	0.43	0.70
2005	14.40	12.39	0.28	0.42	0.75
2006	14.26	12.31	0.28	0.42	0.64
2007	14.61	12.52	0.28	0.42	0.77
2008	13.85	12.10	0.27	0.41	0.88
2009	12.90	11.04	0.26	0.40	0.61
2010	13.50	11.72	0.26	0.40	0.61
2011	13.97	11.91	0.26	0.40	0.72
2012	14.79	12.30	0.25	0.39	1.15
2013	—	12.47	—	—	—
2014	—	12.14	—	—	—

注："—"表示未查询到相关数据。

资料来源：世界银行数据库，https：//data.worldbank.org.cn/。

　　结合对日本的能源消费结构部分来分析各类温室气体的排放源可知，由消耗以石油为主的液体燃料和以煤炭为主的固体燃料，以及天然气燃料所产生的二氧化碳排放量比例相对均衡，2012 年三项分别占比 40.29%、36.99% 和 20.34%，而这一结构在 1970 年还是 65.44%、29.84% 和 1.00%；农业是甲烷排放的大户，农业生产过程中所产生的甲烷排放量不断减少，但在甲烷总排放量中所占的百分比呈持续上升的趋势：1970 年排放二氧化碳当量 0.60 亿吨，占比 59.06%；2012 年排放量已跌至 0.30 亿吨二氧化碳当量，但比重已增至 72.55%；同时，能源部门的甲烷排放量也较高，且排放量不断降低，1970 年为 0.24 亿吨二氧化碳当量，2012 年仅为 0.03 亿吨二氧化碳当量，而且这种下降趋势仍在持续。[①]

（三）韩国碳排放

　　严重依赖于大量的进口能源（主要是石油）来满足国内经济增长能源需求的韩国极易遭受到世界能源市场的影响。因此，韩国政府开始高度重视能源技术

---

① 世界银行数据库，https：//data.worldbank.org.cn/。

的研究与发展，大力研发太阳能和风能等可再生能源。随后，重心转向能源供应技术和替代能源技术的研发，1987 年通过并颁布了《新能源和可再生能源发展与促进法》，能源利用技术不断得到提升，碳排放强度随之下降。2018 年韩国的碳排放强度约为中国的 1/2，近几年来基本稳定。

　　2019 年 10 月 23 日，韩国国务会议确定通过了国家中长期减排计划——主要在能源、工业生产、运输、建筑等领域通过多种手段和措施推动温室气体减排，到 2030 年止，降低 24% 的温室气体排放量，并将此目标写入到 "第二次气候变化应对基本计划"。[①] 2020 年 1 月 12 日，韩国政府宣布韩国碳排放交易市场正式启动，力争在欧洲、澳大利亚等国家碳市场纷纷破产之际引领全球减排。根据世界银行数据库资料显示，2005 年韩国温室气体排放量为 5.61 亿吨二氧化碳当量，按照减排目标，到 2020 年应当把温室气体总排放量控制在 5.39 亿吨二氧化碳当量以内，但是截至 2012 年韩国温室气体总排放量不仅没有降低，反而不断上升，2012 年已达到 6.69 亿吨二氧化碳当量。

　　由表 5 – 14 可知，2012 年韩国温室气体总排放量的组成中，二氧化碳排放量 5.84 亿吨，占比高达 87.69%；甲烷 0.33 亿吨二氧化碳当量；六氟化硫、氢氟碳化物、全氟化碳总计 0.15 亿吨二氧化碳当量；一氧化氮约 0.15 亿吨二氧化碳当量。二氧化碳所占的百分比相较统计初期大幅增加，1970 年温室气体总排放量为 0.89 亿吨二氧化碳当量，其中，二氧化碳排放量 0.54 亿吨，占比仅 60.67%；甲烷排放量多达 0.26 亿吨二氧化碳当量，所占比重为 29.21%。从整体变化趋势来看，韩国的甲烷排放量呈现出持续增长的特征，但所占比重连年降低；甲烷排放量主要来自农业生产部门和能源部门，1970 年农业甲烷排放量 0.17 亿吨二氧化碳当量，占全部甲烷排放量的 65.38%，能源部门 0.06 亿吨二氧化碳排放量，此后，能源部门甲烷排放量增长迅速，至 1988 年已实现 0.11 亿吨二氧化碳当量，占比 33.33%，但 20 世纪 90 年代以来，能源部门甲烷排放量大幅减少，1995 年已触底；之后能源部门的甲烷排放量缓慢增长。此外，农业还是产生一氧化氮排放量最多的部门，1970 年占比高达 65.26%，自 20 世纪 90 年代以来，农业生产过程中排放的一氧化氮量在总排放量中所占的百分比大幅下跌，1992 年已跌至 39.2%；到 2001 年更是跌到了谷底，仅为 24.12%；此后，占比不断增加，2012 年已恢复至 42.25%，而且近 5 年来保持着 2.73% 的年均增长速度。二氧化碳排放量在总体上也呈不断增加的趋势，但近 5 年的波动幅度较小，维持在约 5.80 亿吨的水平；韩国二氧化碳排放量主要来自电力、热力的生产和供应业，制造业和建筑

---

① 消息来自韩国《中央日报》。

业两个部门，1971 年所占比重分别为 18.51% 和 29.69%，但此后，电力、热力的生产和供应业的比重持续增加，近 5 年来相对稳定，维持在 60.00% 左右的水平，2014 年所占比重为 60.49%；而制造业和建筑业的比重先是不断降低，在 1985 年制造业和建筑业的二氧化碳排放量在总排放量中的百分比为 17.51%；然后缓慢上升，1993 年占比增至 23.43%；之后持续下降，到 2013 年已跌为 13.08%。[①]

表 5 - 14　　　　1970 ~ 2014 年韩国温室气体排放量构成　　　　单位：亿吨二氧化碳当量

年份	温室气体	二氧化碳	一氧化氮	甲烷	其他（六氟化硫、氢氟碳化物、全氟化碳）
1970	0.89	0.54	0.05	0.26	- 0.03
1971	0.89	0.59	0.05	0.26	- 0.03
1972	0.91	0.60	0.05	0.26	- 0.03
1973	1.07	0.73	0.06	0.27	- 0.04
1974	1.13	0.76	0.06	0.28	- 0.04
1975	1.21	0.82	0.07	0.28	- 0.04
1976	1.30	0.93	0.06	0.28	- 0.04
1977	1.45	1.06	0.06	0.29	- 0.04
1978	1.56	1.13	0.07	0.29	- 0.01
1979	1.73	1.33	0.07	0.29	- 0.01
1980	1.75	1.35	0.07	0.29	- 0.01
1981	1.82	1.40	0.07	0.29	- 0.01
1982	1.81	1.42	0.07	0.29	- 0.01
1983	1.93	1.51	0.07	0.31	- 0.04
1984	2.08	1.64	0.08	0.32	- 0.11
1985	2.15	1.78	0.09	0.33	- 0.14
1986	2.24	1.82	0.09	0.34	- 0.14
1987	2.26	1.93	0.09	0.34	- 0.17
1988	2.58	2.22	0.09	0.33	- 0.11
1989	2.70	2.36	0.10	0.32	- 0.10
1990	3.01	2.47	0.11	0.31	- 0.09
1991	3.29	2.61	0.11	0.31	- 0.06
1992	3.55	2.84	0.13	0.30	- 0.01
1993	3.85	3.22	0.14	0.30	- 0.01
1994	4.18	3.44	0.15	0.30	0.05

[①] 世界银行数据库，https：//data. worldbank. org. cn/。

续表

年份	温室气体	二氧化碳	一氧化氮	甲烷	其他（六氟化硫、氢氟碳化物、全氟化碳）
1995	4.54	3.75	0.16	0.30	0.07
1996	4.87	4.04	0.17	0.31	0.13
1997	5.14	4.30	0.19	0.31	0.14
1998	4.50	3.65	0.19	0.31	0.16
1999	4.90	4.00	0.18	0.31	0.21
2000	5.13	4.48	0.19	0.31	-0.15
2001	5.22	4.50	0.18	0.31	-0.19
2002	5.35	4.66	0.13	0.31	0.02
2003	5.46	4.66	0.13	0.31	0.10
2004	5.62	4.82	0.13	0.32	0.05
2005	5.61	4.63	0.13	0.32	0.03
2006	5.66	4.71	0.13	0.32	-0.03
2007	5.76	4.96	0.13	0.33	0.00
2008	5.95	5.08	0.13	0.31	0.10
2009	5.94	5.09	0.14	0.31	-0.01
2010	6.29	5.67	0.15	0.32	-0.11
2011	6.50	5.89	0.15	0.32	-0.08
2012	6.69	5.84	0.15	0.33	0.15
2013	—	5.92	—	—	—
2014	—	5.87	—	—	—

注："—"表示未查询到相关数据。

资料来源：世界银行数据库，https：//data. worldbank. org. cn/。

因燃烧固体燃料而产生排放的二氧化碳量在总量中所占的比重先是降低，然后上升，再是下降，最后又呈上升的趋势，1970 年占比为 43.32%，到 1978 年时跌至谷底为 32.08%，1985 年增至 50.13%，1996 年占比达到有记录以来的最低值 27.47%，到 2014 年又增至 52.56%；在 1986 年以前，韩国由天然气燃料消耗所产生的二氧化碳排放量在总量中的占比均为 0，1986 年也仅有 0.08%，此后，所占比重不断增加，到 2013 年已增至 18.41%，2014 年又有所减少，为 16.83%；液体燃料消耗的二氧化碳排放量的占比变化趋势与固体燃料截然相反，先上升后下降，再上升又下降：1970 年排放量为 0.28 亿吨，所占比重为 51.27%；1978 年占比增至 61.27%，排放量为 0.62 亿吨；尽管 1979 年和 1980 年由消耗液体燃料所产生的二氧化碳排放量绝对值增长迅速，但占比在持续下降；到 1985

年排放量0.79亿吨，所占比重仅44.16%；1995年二氧化碳排放量已增至2.23亿吨，占总量的59.55%；1996～2014年，因消耗液体燃料而产生的二氧化碳排放量呈现出下降的特征，近几年相对变动幅度较小，但占比不断下降，2014年排放量为1.56亿吨，相当于总排放量的26.62%，而且随着清洁能源和可再生能源技术臻于成熟，以石油为主的液体燃料消耗所产生的二氧化碳排放量占比仍将持续下降。①

要想如约实现温室气体减排的承诺，在2013～2020年这8年间，韩国必须至少保持着2.74%的减排速度，然而BP公司统计资料显示，2018年韩国为世界第七大二氧化碳排放国，仅化石燃料消耗的二氧化碳排放量就有6.98亿吨，根据化石燃料消耗所产生的二氧化碳排放量在总排放量中所占比例的增速情况进行预估，2018年韩国的二氧化碳排放量应至少在10亿吨，暂且排除其他温室气体，仅二氧化碳一项就远超出韩国政府此前承诺的温室气体限排目标，可以说，韩国温室气体减排任重而道远。

2000～2018年韩国温室气体排放量构成如图5-3所示。

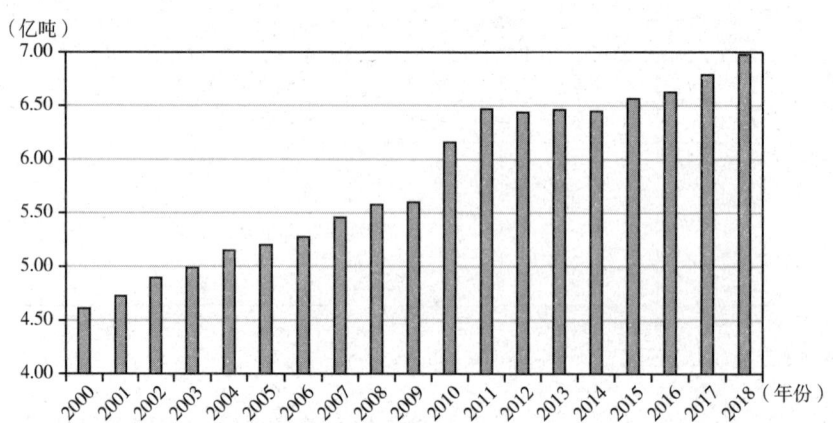

图5-3　2000～2018年韩国由能源消耗所产生的二氧化碳排放量

资料来源：英国石油公司（BP）统计数据，http://www.bp.com/statisticalreview。

（四）俄罗斯碳排放

俄罗斯是全球第四大二氧化碳排放国，2018年由化石燃料消耗所产生的二氧化碳排放量高达15.51亿吨，相当于全球排放量的3.39%，仅次于中国、美国和印度。1990年俄罗斯温室气体总排放量为35.94亿吨二氧化碳当量，其中，二

---

① 国际能源机构统计数据，http://www.iea.org/stats/index.asp。

氧化碳 23.79 亿吨，所占百分比约为 66.19%；甲烷 6.25 亿千吨二氧化碳当量；六氟化硫、氢氟碳化物、全氟化碳总计 4.29 亿吨二氧化碳当量；一氧化氮排放量 1.61 亿吨二氧化碳当量。[①] 根据俄罗斯政府的减排承诺，到 2020 年温室气体排放量应控制在 26.95 亿吨二氧化碳当量以内。[②]

如表 5-15 所示，2012 年俄罗斯全年温室气体总排放量为 28.03 亿吨二氧化碳当量，其中，二氧化碳排放量 18.31 亿吨，占比 65.32%；甲烷 5.46 亿吨二氧化碳当量；六氟化硫、氢氟碳化物、全氟化碳 3.87 亿吨二氧化碳当量；一氧化氮 0.65 亿吨二氧化碳当量。分析俄罗斯温室气体排放量的变化趋势可知，基本呈现出先增加后减少的特征，相对其他国家而言，在绝对量上增幅较小。1970年这一数值为 22.41 亿吨二氧化碳当量，1970~2012 年，增长幅度 25.10%，年平均增速仅 0.53%，远低于韩国的 4.93% 和中国的 4.61%。世界银行数据库从1992 年开始将俄罗斯联邦作为独立经济体统计其二氧化碳排放量，1992 年为20.79 亿吨，此后开始不断下降，到 1998 年已跌至谷底 14.96 亿吨，这与该时期石油价格大跌和东南亚经济危机有着紧密的关系；21 世纪以来，二氧化碳排放量不断增加，但 2012 年过后，排放量呈现出下降的趋势。2014 年二氧化碳排放量从 2012 年的 18.31 亿吨降至 17.05 亿吨，1992~2014 年，年平均降低 0.90%；总体而言，人均二氧化碳排放量变化不大，变动趋势和二氧化碳排放量基本相同，且都是以 1998 年和 2012 年为拐点时间，1998 年人均二氧化碳排放量从统计初的 13.98 吨跌至 10.13 吨，到 2012 年增至 12.78 吨，2013 年和 2014 年略有减少，分别为 12.39 吨和 11.86 吨。[③]

表 5-15　　　　　　　1970 年以来俄罗斯温室气体排放量构成　　单位：亿吨二氧化碳当量

年份	温室气体	二氧化碳	一氧化氮	甲烷	其他（六氟化硫、氢氟碳化物、全氟化碳）
1970	22.41	—	1.25	3.38	4.41
1971	22.45	—	1.28	3.44	4.36
1972	24.05	—	1.52	3.67	4.85
1973	24.51	—	1.43	3.70	4.58
1974	25.31	—	1.43	3.80	4.53

---

① 数据引自英国石油公司（BP）2019 年出版的《世界能源统计年鉴》（*Statistical Review of World Energy*）。

② 王婷婷，王莉兰. 俄罗斯公布温室气体减排目标获法国处长盛赞，环球网，2015 年 4 月 1 日。

③ 世界银行数据库，https://data.worldbank.org.cn/。

续表

年份	温室气体	二氧化碳	一氧化氮	甲烷	其他（六氟化硫、氢氟碳化物、全氟化碳）
1975	26.93	—	1.49	3.95	4.86
1976	28.01	—	1.55	4.12	5.16
1977	28.48	—	1.56	4.21	5.14
1978	29.15	—	1.55	4.34	4.61
1979	29.65	—	1.56	4.47	4.71
1980	30.29	—	1.58	4.61	4.65
1981	30.32	—	1.61	4.74	4.52
1982	30.61	—	1.61	4.92	4.34
1983	30.77	—	1.62	5.05	4.09
1984	31.14	—	1.66	5.26	3.96
1985	31.48	—	1.70	5.41	3.67
1986	32.37	—	1.76	5.62	3.68
1987	32.94	—	1.78	5.78	3.53
1988	33.76	—	1.75	6.00	3.64
1989	33.90	—	1.68	6.12	3.65
1990	35.94	—	1.61	6.25	4.29
1991	33.92	—	1.43	6.01	3.02
1992	31.28	20.79	1.28	5.77	2.61
1993	30.14	19.38	1.20	5.54	3.68
1994	27.08	16.98	1.00	5.14	3.23
1995	26.45	16.31	0.90	4.86	3.38
1996	27.19	16.13	1.22	4.91	4.18
1997	24.57	15.26	0.89	4.52	3.40
1998	34.60	14.96	1.56	4.99	12.27
1999	25.13	15.31	0.98	4.55	3.33
2000	27.71	15.58	0.93	4.66	5.50
2001	26.49	15.58	0.90	4.70	4.20
2002	29.85	15.57	1.09	4.89	7.30
2003	35.42	16.04	1.19	5.10	11.94
2004	24.14	16.02	0.78	4.87	1.30
2005	25.27	16.15	0.77	4.94	2.39
2006	27.49	16.69	0.65	4.95	4.35
2007	26.04	16.67	0.65	5.04	2.80

续表

年份	温室气体	二氧化碳	一氧化氮	甲烷	其他（六氟化硫、氢氟碳化物、全氟化碳）
2008	29.95	17.15	0.63	5.12	6.78
2009	25.63	15.74	0.65	5.08	3.52
2010	26.03	16.71	0.64	5.34	2.85
2011	27.78	17.63	0.64	5.40	3.75
2012	28.03	18.31	0.65	5.46	3.87
2013	—	17.79	—	—	—
2014	—	17.05	—	—	—

注："—"表示未查询到相关数据。

资料来源：世界银行数据库，https：//data. worldbank. org. cn/。

由表5－15可知，从总体上来看，一氧化氮排放量呈下降趋势，个别年份出现排放量增加的情况，1970年俄罗斯一氧化氮排放量为1.25亿吨二氧化碳当量，1987年达到有记录以来的最大值1.78亿吨二氧化碳当量，1991年为1.43亿吨二氧化碳当量；1970～2012年间排放量年均降低幅度1.54%，1991～2012年间年平均下降3.68%，从2006年开始，俄罗斯一氧化氮排放量基本维持在0.65亿吨二氧化碳当量左右。俄罗斯的一氧化氮排放量主要产生在农业生产过程中，1970年农业部门一氧化氮排放0.98亿吨二氧化碳当量，占总量的78.40%；此后，排放量先是增加，然后减少，1987年增至0.95亿吨二氧化碳当量，到2008年已跌到0.31亿吨二氧化碳当量；而在总量中所占的百分比先降低后上升，1998年占比仅23.49%，但到2008年所占比重又升为49.60%，基本与统计初期水平相当。[①]

不同于东北亚地区其他国家，俄罗斯的能源消费结构以天然气为主，而天然气又是化石燃料中最为低碳的能源，因此俄罗斯由单位化石燃料消耗产生的二氧化碳排放量相对其他国家较低，根据已有的统计资料，1992～2014年的22年间，天然气消耗产生的二氧化碳排放量在总量中的占比呈上升趋势，2014年占比为49.93%，相较1992年的40.14%，增长超过9.50%，自21世纪以来，基本都维持在50.00%左右；而由消耗以石油为主的液体燃料所产生的二氧化碳排放量不论是其绝对值，还是在总排放量中的百分比都呈现出下降的趋势，2014年排放量从1992年的5.83亿吨跌到3.93亿吨，占比从28.06%降至23.09%；2014年因消耗固体燃料而造成的二氧化碳排放量为4.05亿吨，所占百分比为23.74%。

① 美国田纳西州橡树岭国家实验室环境科学部二氧化碳信息分析中心发布的数据。

结合前文对俄罗斯能源消费的分析，天然气在一次能源消费结构中的比重不断提升，可再生能源消费量不断增加，这都有利于俄罗斯实现温室气体减排目标。

2000～2018 年俄罗斯由能源消耗所产生的二氧化碳排放量如图 5 - 4 所示。

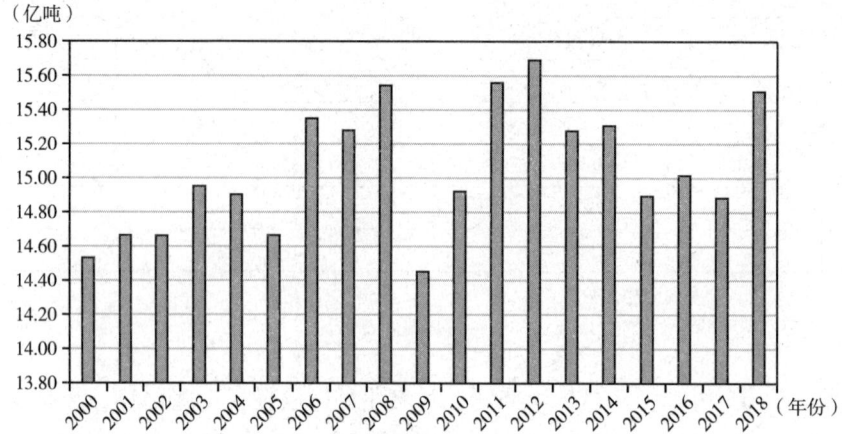

图 5 - 4　2000～2018 年俄罗斯由能源消耗所产生的二氧化碳排放量

资料来源：英国石油公司（BP）统计数据，http：//www.bp.com/statisticalreview。

第六章 东北亚地区气候变化现状

东北亚地区在地理环境和生态环境上联系紧密，但"先发展、后治理"的经济发展方式加速了全球气候变化问题，这给东北亚地区整体生态环境带来了极大的影响和危害。庄贵阳认为，气候变化问题严重影响着生态安全、重大工程安全，以及在工业、渔业、牧业、旅游、交通、贸易等诸多方面造成影响。[①]

一、气候变化现状

在全球气候变化的大背景下，东北亚地区的年平均气温显著升高。根据韩国国家统计厅的统计资料整理发现，2016 年东北亚地区年平均气温为 5.78℃，相较 2000 年的 4.98℃增长 0.80℃，相比 1901 年 3.84℃的地区平均气温水平增幅更是超过 50.52%；其中，韩国升温最为明显，从 1901 年的 9.78℃升至 2016 年的 12.22℃，其次是日本，升温 2.12℃，2016 年平均气温已达到 11.88℃，蒙古国年平均气温从零下水平（-1.21℃）升至 0.67℃，中国、朝鲜和俄罗斯的升温量相近，分别为 1.41℃、1.39℃和 1.38℃，2016 年平均气温分别为 7.45℃、6.68℃和 -4.24℃。[②]

东北亚地区年降水量显著增加：1902 年[③]东北亚地区年降水量为 5 014.25mm，而到 2016 年已增至 5 572.82mm，增幅近 11.14%，其中，中国的年降水量增加约 32.40%，达到 660.65mm；其次是蒙古国，降水量增至 268.49mm，增幅超过 26.90%；俄罗斯、朝鲜和韩国的增长幅度相近，分别为 12.71%、11.08% 和 10.17%；日本年降水量增幅最低，仅 3.54%，但亚热带季风气候决定了日本的年降水量丰裕，始终为东北亚地区国家降水最为充足的国

---

① 庄贵阳. 低碳经济引领世界经济发展方向 [J]. 环境世界，2008 (2)：34-36.

② 韩国国家统计厅网站发布的数据，http://kostat.go.kr/portal/korea/index.action。

③ 因 1901 年朝鲜年降水量仅为 502.85mm，明显低于常年水平，因此在此选取 1902 年为基年进行比较与分析。

家。2016 年日本年降水量达到 1 814.40mm，约为中国的 2.75 倍，更是降水稀缺的蒙古国年降水量的 6.76 倍之多。[①]

20 世纪中叶以来，东北亚地区温室气体排放量增长迅速，已成为全球温室气体及二氧化碳排放量最多的地区。近些年来，经过各国的共同努力和积极行动，温室气体及二氧化碳排放量不断减少，但要想实现社会经济与生态环境和谐发展，各国仍需继续深入推进减排工作。此外，高温热浪、干旱、洪涝、暴雪等极端天气频频发生，对东北亚地区各国人民的财产安全及人身健康造成了严重的威胁。

二、气候变化对东北亚地区的影响

气候变化的影响，不能只是言说由气候变化所导致的不利影响，值得注意的是，气候变化对社会经济发展同样具有好处。首先，近些年来，平均气温不断上升，这有利于降低高纬度地区的冬季取暖费用和建筑费用，而化石燃料仍然是大多数地区取暖的主要能源，因此，从这个角度出发，气候变暖有利于减少高纬度地区取暖化石燃料消耗量；其次，气候热量资源增加，高纬度地区霜冻时期缩短，有利于农业增产增量，促进农业部门发展，从而实现经济增长；生物学试验表明，大气中的 CO_2 浓度上升，既能加快碳反应的速度，还能使叶绿素含量增加，从而加快光反应速率，因而 CO_2 浓度增加有利于植物生长和农作物生产，尤其是森林资源是世界上最为重要的碳汇，具有相当强的吸收及储存 CO_2 的能力，因此近年来，森林资源生态碳汇优势越来越受重视。

尽管气候变化能够带来些许有利的影响，但对国家可持续发展而言，弊大于利，东北亚地区各国也协商合作积极参与到共同治理全球气候变化问题的行动中。因此，本章主要讨论气候变化给东北亚地区社会经济发展所造成的不利影响。

(一) 气候变化对中国的影响

气候变化对中国社会发展的影响是多区域、多领域的：受气候变暖的影响，东北地区农产品产量增加，质量却有所下降；华东地区高温热浪事件频发；西南地区降水两极化，部分地区洪涝灾害加剧，部分地区极度干旱；东南地区台风及海啸事件的频率增加；青藏高原冰川消融，冰崩事件发生频次增加；西北干旱地区荒漠化自然因素的作用越来越强。

虽然我们简要分析了气候变化对农业经济发展具有正向作用，但气候变化在

---

① 韩国国家统计厅网站发布的数据，http://kostat.go.kr/portal/korea/index.action。

另一方面又会造成病虫害波及区域范围扩大，同时加重中国这样一个水资源分布不均的国家农业水资源的供需矛盾，这些都可能对农业生产造成减产影响。工业受气候变化的影响相对较小，但建筑业和第三产业中的旅游业受影响程度较大，尤其是极端气候事件给旅游业的健康发展带来了沉重的打击。

尽管平均年降水量有所增加，根据统计数据显示，1901 年中国平均年降水量 512.59mm，到 1949 年中华人民共和国成立初期增至 629.01mm，2018 年已达到 660.65mm；从各月的平均降水量来看，6 月和 7 月仍然是中国的雨季，冬季 1 月、2 月和 12 月少雨，但降水量都有所增加，尤其是冬季降水量，相较于 1901 年降水量翻番，但相比 1949 年降幅超过 25.09%；各个月份的全国平均降水量均有不同程度的上升，2019 年平均降水 645.50mm。[①]

由气候变化问题所引起的动植物生境变化使得诸如珊瑚纲[②]这样对生境质量要求较高的生物遭受到极危、濒危和易危的威胁，部分候鸟和巡游性鱼类的分布范围发生不同程度的改变。此外，由全球气候变暖、冰川融化等诸多因素所导致的海平面上升问题严重威胁着中国部分沿海城市的安全。2012～2018 年我国海平面均处于高位状态，严重威胁着低海拔沿海城市人民的经济财产及人身安全。[③]

以下内容摘自中国气象局于 2019 年 4 月 3 日发布的《中国气候变化蓝皮书（2019）》

气候系统的综合观测和多项关键指标表明，气候系统变暖趋势进一步持续。中国极端天气气候事件趋多趋强，冰冻圈消融加速，气候风险水平呈上升趋势。

大气圈

1. 全球变暖趋势进一步持续，中国是全球气候变化的敏感区

据世界气象组织最新发布，2018 年全球平均温度比 1981～2010 年平均值高出 0.38℃，较工业化前水平（1850～1900 年平均值）高出约 1.0℃，为有完整气象观测记录以来的第四暖年份；且过去五年（2014～2018 年），是有完整气象观测记录以来最暖的五个年份。

---

① 平均降水量数据引自 KOSIS 韩国国家统计厅，http：//kosis. kr/statisticsList/statisticsListIndex. do? menuId = M_02_01_01&vwcd = MT_RTITLE&parmTabId = M_02_01_01，访问时间：2020 年 1 月 30 日。

② 珊瑚对生存环境的条件有着极高的要求，水温要在 25℃～30℃、要有充足的光照、要有坚实的基底以及较高的水质透明度。近些年来，大气中的 CO_2 浓度升高，部分海域海水酸化，致使该海域珊瑚白化，部分珊瑚更是直接死亡。

③ 引自 2019 年 4 月 28 日正式发布的《2018 年中国海平面公报》。

2018 年，亚洲区域平均气温是 1901 年以来的第五高值；中国亦属异常偏暖年份。1951～2018 年，中国年平均气温每 10 年升高 0.24℃，升温率明显高于同期全球平均水平。

2. 我国不同区域气候变化差异明显，青藏地区暖湿化特征显著

1961～2018 年，中国北方地区增温速率明显大于南方，西部地区大于东部；青藏地区增温速率最大，平均每 10 年升高 0.37℃。

1961～2018 年，中国平均年降水量呈微弱的增加趋势，降水变化趋势区域差异明显，青藏地区降水呈显著增多趋势，而西南地区降水呈弱的减少趋势。21 世纪初以来，华北、华南和西北地区平均年降水量波动上升，而东北和华东地区降水量年际波动幅度增大。

3. 极端天气气候事件趋多趋强，气候风险水平呈上升趋势

1961～2018 年，中国极端强降水事件呈增多趋势，极端低温事件显著减少，极端高温事件在 20 世纪 90 年代中期以来明显增多。

1961～2018 年，中国气候风险指数总体呈升高趋势，阶段性变化明显，20 世纪 70 年代末以来波动上升。1991～2018 年中国平均气候风险指数较 1961～1990 年平均值增加了 54%。

水圈

1. 海洋

1870～2018 年，全球平均海表温度表现为显著升高趋势。2018 年，全球大部分海域海表温度较常年值偏高，全球平均海表温度为 1870 年以来的第四高值；全球海洋热含量（上层 2 000 米）超过 2017 年创下的纪录，2018 年成为有现代海洋观测记录以来海洋最暖的年份。1980～2017 年，中国沿海海平面呈波动上升趋势，上升速率为 3.3 毫米/年，高于同期全球平均水平。

2. 地表水资源

1961～2018 年，中国十大流域中松花江、长江、珠江、东南诸河和西北内陆河流域地表水资源量总体表现为增加趋势，辽河、海河、黄河、淮河和西南诸河流域则表现为减少趋势。

3. 湖泊水位

1961～2004 年，青海湖水位呈下降趋势；2005 年开始，受青海湖流域气候暖湿化的影响，入湖径流量增加，青海湖水位止跌回升，转入上升期。2018 年，青海湖水位达 3 195.41 米，较 2017 年上升 0.48 米。2005 年以来，青海湖水位连续 14 年回升，累计上升 2.54 米，已接近 20 世纪 70 年代初期的水位。

冰冻圈

1. 冰川

中国天山乌鲁木齐河源 1 号冰川（以下简称"乌源 1 号冰川"）是全球参照冰川之一。1960~2018 年，乌源 1 号冰川经历了两次加速消融过程。由于强烈消融，乌源 1 号冰川在 1993 年分裂为东、西两支；2018 年，乌源 1 号冰川处于物质高亏损状态，东、西支分别退缩了 8.3 米和 5.9 米，其中东支的退缩速率为有观测记录以来的最大值。

2. 冻土

1981~2018 年，青藏公路沿线多年冻土退化明显，活动层厚度呈明显增加趋势，平均每 10 年增厚 19.5 厘米。2018 年，青藏公路沿线多年冻土区平均活动层厚度达到 245 厘米，为 1981 年以来的最大值；活动层底部温度达到 −0.9℃，为 2004 年有观测记录以来的最高值。

3. 积雪

卫星监测表明，2002~2018 年，中国平均积雪覆盖率呈弱的下降趋势，年际振荡明显。

4. 海冰

1979~2018 年，北极海冰范围（海冰密集度≥15%的区域）呈一致性的下降趋势，3 月和 9 月海冰范围的线性趋势分别为平均每 10 年减少 2.7%和 12.8%。南极海冰范围总体表现为弱的上升趋势，但 2016 年以来南极海冰范围持续异常偏小。

陆地生态

1. 陆地植被

2018 年，中国平均植被指数与 2011~2017 年同期平均值相比，年平均和秋季植被指数相接近，冬季、春季和夏季植被指数略有上升。

2. 物候

1963~2018 年，中国不同地区代表性树种的展叶期始期均呈显著的提前趋势，北京站玉兰、沈阳站刺槐、合肥站垂柳、桂林站枫香树和西安站色木槭展叶期始期平均每 10 年分别提前 3.3 天、1.4 天、2.7 天、2.4 天和 2.4 天。2018 年，5 个站点代表性树种的春季物候期均较常年值偏早，展叶期始期分别偏早 10 天、5 天、5 天、8 天和 14 天。

3. 区域生态气候

21 世纪初以来，石羊河流域荒漠面积总体呈减小趋势；广西石漠化区面积呈减小趋势，区域生态环境总体改善。

气候变化驱动因子

1. 温室气体

1990～2017 年，中国瓦里关站大气二氧化碳浓度逐年稳定上升。2017
年，瓦里关站大气二氧化碳、甲烷和氧化亚氮的年平均浓度分别为：407.0 ±
0.2ppm、1912 ±2ppb 和 330.3 ±0.1ppb，与北半球中纬度地区平均浓度大体
相当，均略高于 2017 年全球平均值。

2. 气溶胶

环境气象监测表明，2005～2018 年，北京上甸子、上海东滩和广东番禺
本底站 PM2.5 年平均浓度波动下降；2014～2018 年，均呈明显降低趋势。

(二) 气候变化对日本的影响

受国家地理位置和自然条件限制，相比于其他国家，日本遭受到气候变化的
影响较为严重。首先就是海平面上升，这严重威胁着日本这样一个岛国的安全。
2019 年 9 月 24 日，日本海上保安厅（Japan Coast Guard）报称，已确认北海道北
部的无人岛 Esanbe 鼻北小岛因海平面上升而消失，日本东京也被众多媒体视作
最有可能因海平面上升而被淹没的沿海城市之一，东北大学的研究团队曾模拟过
海平面上升对日本的影响，结果表明，若海平面继续上升 82 厘米，则日本将有
近 91% 的海滩会完全消失。政府间气候变化专门委员会（Intergovernmental Panel
on Climate Change，IPCC）第五次评估报告（2004）表明，即使各国贯彻最严格
的温室气体减排对策，到 21 世纪末海平面也要上升 26 厘米左右，这会导致日本
近 47% 的海滩消失，近亿人将被迫迁徙，此外，海平面上升还会造成台风、海
啸等极端自然灾害对日本的影响加剧。

从 20 世纪至今，日本年平均气温已由 1901 年的 9.76℃升至 11.88℃，而且
这种升温趋势仍在持续，KOSIS 统计资料预测，在包括海—陆—冰—气多圈层相
互作用的气候系统模式的初级版本（BCC - CSM1 - 1）模式下，日本在 2020～
2030 年间的最高气温相比 2016 年的水平变幅不大，但最低气温从 2016 年 1 月的
0.11℃升至 2 月的 8.92℃；而在通用气候系统（CCSM4）模式下，最低气温和
最高气温分别为 1 月的 6.93℃和 8 月的 27.52℃，在加拿大气候模型与分析中心
全球耦合模式的第三个版本（GEMRI - CGCM3）模式下，最高气温为 8 月的
25.45℃，最低为 1 月的 2.58℃，和日本当前的气温水平相比变化不大。从降水
量分布情况来看，年降水量变化幅度不大，但明显更集中在 6～9 月之间。

尽管有学者认为粮食危机过分夸张，但毋庸置疑的是，目前日本的粮食生产的确遭受到气候变化问题不小的冲击：日本已遭遇到半个世纪以来最为严重的海苔荒，由于日本海域海水升温导致海苔产量连续十年降低，2019 年全年产量已不足 62 亿张，也许这一数字对中国来说算不上危机，但在日本，海苔是人们餐桌上必不可少的一道食材，每年需求量在 85 亿张以上，2019 年缺口将近总需求的 30%，同时，日本的鳗鱼、对虾等渔业资源受气候变化影响均出现了大幅减产，这使得日本政府不得不放开对本国农产品的保护；据估计，到 21 世纪末，气候变暖很有可能导致北海道周边海域海水升温 10℃ 左右，这将对日本海域的海带生产造成毁灭性的破坏。日本昆布协会消息显示，2019 年日本全国海带总产量仅 13 000 吨，这一数值还不到 1995 年的一半；2018 年全年日本国内粮食自给率①只有 37%，仅高于 1993 年的历史低谷，创下近 25 年来的新低；随着全球气候变暖问题的进一步恶化，日本海域海水仍将升温，这会对日本的海洋渔业生产造成严重的影响，有 50% 左右的鱼类将被迫迁徙，还有多种藻类生产难以为继，这种种影响都将严重冲击对日本的经济发展及人民生活。

（三）气候变化对韩国的影响

1901～2016 年，韩国年平均气温升高了 2.44℃，最低气温和最高气温均有明显的上升，1901 年最低气温在 2 月，为 -4.14℃，而 2016 年出现在 1 月，为 -2.93℃；最高气温从 1901 年 8 月的 23.29℃ 升至 2016 年 8 月的 25.85℃。②2018 年 5～7 月，江陵地区最低气温竟高达 31℃；首尔市最低温度 30℃，最高达到 39.6℃，最低温和最高温均创下历史新高；而庆尚北道最高温度已超过 40℃，为 40.2℃；江原道也达到 40.3℃，造成上千人中暑，数十人死亡。为避免持续高温给国民造成更为严重的影响，韩国政府不得不停止这些地区工地的户外施工工作，并对员工进行高温工作补贴。此外，据不完全统计，有超过 125 万只家禽因持续高温而死亡，经济损失在 84 亿韩元以上。③ 另外，持续的高温热浪使得韩国山火、干旱等事件频发，虫害等危害进一步加剧。

KOSIS 发布的资料预测，在 BCC - CSM1 - 1 模式下，韩国在 2020～2030 年期间平均气温最低出现在 2 月，可达到 7.08℃，远高于目前的 -2.93℃；在各种

---

① 日本的粮食自给率计算公式为：粮食自给率＝国内生产/国内消费动向。

② 数据引自 KOSIS 韩国国家统计厅。

③ "韩持续高温致 125 万只家畜死亡　财产损失达 84 韩元"，中国新闻网，2018 年 7 月 24 日。

气候变化模型的预测结果中，GEMRI – CGCM3 模式下韩国平均最低气温最低，但同样高过现在的水平 3.52℃（2 月）；在法国皮埃尔 – 西蒙·拉普拉斯环境科学研究所制作的 IPSI – CM5A – MR 模式下的平均最高气温高达 30.89℃（8 月），如若如此，届时韩国将有一半的城市气温在 40℃ 以上，持续高温对整个社会所造成的影响恐进一步恶化。

大豆是韩国的第二大粮食作物，主要集中在南部地区，其国内需求仍然主要依靠进口。尽管气候变暖使得部分地区大豆等农作物产量显著降低，但与此同时，升温缩短了大豆的成长期，从而南部个别地区可以实现两季甚至多季轮作，这能够有效提高韩国国内农产品的自给率，有利于韩国农业经济的发展。

（四）气候变化对俄罗斯的影响

尽管是全球气候变化共同治理行动的积极参与国之一，但俄罗斯国内此前一直有一种声音："气候变化给俄罗斯带来了许多优势"，对俄罗斯这样一个严寒的国家，气候变暖能够缩短俄罗斯，尤其是远东地区的供暖期，从而减少能源消费，降低温室气体排放量，因而，气候变暖有利于促进俄罗斯实现减排目标。

此外，近些年来，由于全球升温，北极地区部分覆冰开始消融，有气象学家认为，随着气候变暖程度加剧，北冰洋极有可能出现夏季长期无冰，全线贯通的情况。于是，近些年来，不少海运公司和学者开始积极探索北极东北航道海上运输的可行性。2013 年 9 月 22 日，韩国现代格罗唯视株式会所（Hyundai Glovis）成功试运行了北极东北航道，如果沿用原有的苏伊士运河航道至少需要 40 天，而此次通行在遇极端气象阻挠的情况下，依然只用了 35 天，如果通航顺利，最多 30 天即可完成航行；北极东北航道极大拉近了亚欧两路合作贸易航程，而且据德国船主介绍，北极东北航道至少能节省 30 万美元的成本，由于在航程、航时、成本等方面存在着巨大的优势，北极东北航道也被誉为航海界的"黄金水道"。如果北极东北航道正式投入商业化运作，那么根据俄罗斯的相关管理办法，所有途经北极东北航道西伯利亚北部的船舶均需报备俄罗斯政府并支付一定比例的过路费，而北极东北航道能够极大地缩短亚欧大陆港口货物运输所需的时间及成本，尤其是航道连接着荷兰、中国、日本和韩国多个海运大国，北极东北航道无疑是东北亚地区各国与欧洲多地进行贸易往来的最佳路线选择，届时俄罗斯将成为最大受益国，能够有效促进俄罗斯的经济发展。

但升温带来的另一影响却是惨重的，21 世纪以来，俄罗斯境内因夏季持续高温而造成的森林大火和泥炭大火事件频频发生：2010 年 7 月中旬，俄罗斯沃罗涅日州引发森林大火，这场大火使得俄罗斯国内 17 个州大火肆虐，多地州政府宣布进入紧急状态，直到 8 月底，火情才被基本消灭。此次火灾面积超过 19.6 万公顷，8.6 万民众财产及生命安全遭受威胁，直接经济损失高达 2.18 亿美元，俄罗斯全国经济至少损失 4 亿美元；2014 年 7 月 31 日，俄罗斯特维尔发生严重的泥炭火灾，大面积森林被毁；2017 年夏天，西伯利亚地区超过 4.60 平方公里的针叶林被毁；2019 年 7 月，俄罗斯西伯利亚地区再发大火，大火燃烧了一个多月才得到基本控制，过火面积超过 1.58 万平方公里，在多个地区造成严重影响；2020 年 2 月 11 日，据俄罗斯卫星网消息称，2019 年俄罗斯境内有记录的森林火灾超过 1.4 万起，受灾人口数量多达 200 万人。①

2017 年 5 月，一场风暴席卷莫斯科，据官方预测，由此造成的经济损失在 35 亿美元左右；不久后，远东地区又遭遇到特大洪水的摧残；俄罗斯南部蚊虫肆虐，这一系列的灾害事件使得俄罗斯国内上下高度重视起气候变化问题，水文气象和环境监测局局长也因未采取及时有效的防范措施而被罢免；2019 年 9 月 24 日，俄罗斯正式批准通过了《巴黎气候协定》。

（五）气候变化对朝鲜的影响

朝鲜的气候变化程度并不如中、日、韩三国这样显著，整体来说，朝鲜升温 1.39℃，最高温和最低温变化同样不大，但从各阶段升温情况来看，1948 年初，全年平均气温 5.89℃，到 2000 年升至 5.92℃，上升幅度十分微小；而截至 2016 年，年平均气温已升至 6.68℃②。朝鲜的年降水量及每年的各月降水量变化幅度同样较小，但均有所上涨。2016 年 9 月 11 日，朝鲜北部大多数城市均遭到了暴雨的袭击，至少死亡 60 人，还有数十人失踪，近 5 万人流离失所。③ 朝鲜在经济上相对闭塞，全国需求基本依靠国内生产，但朝鲜山多平原少，适宜生产尤其是农业生产的面积稀缺，再加上落后的生产技术，使得朝鲜国内的生产安全乃至社会稳定极易遭受大型灾害的影响。近些年来，自然灾害事件频发给朝鲜的社会经济发展造成严重影响，尤其是农业生产受阻，造成近 140 万吨的粮食需求缺口，险些使这个国家陷入粮食危机当中。

（六）气候变化对蒙古国的影响

农业是蒙古国经济发展的重要支柱产业之一，但 21 世纪以来，蒙古国的农

---

① https://sputniknews.com/，访问时间：2020 年 3 月 26 日。
② 数据引自 KOSIS 韩国国家统计厅。
③ 朝鲜北部遭受洪灾造成至少 60 人死亡 25 人失踪，新华社，2016 年 9 月 12 日。

业生产遭到各种自然灾害的影响，沙尘暴、暴风雪、草场火灾等恶劣的天气状况严重威胁着蒙古国的社会经济发展。此外，蒙古国年平均气温已从零下水平升至 2016 年的 0.67℃，但蒙古国趋向两极化，在冬季经常遭遇到极端严寒，2009 年蒙古国全国 21 个省中有 19 个省多日的气温低于 -40℃；而在夏季又有高温热浪持续袭击，2016 年蒙古国夏季日均气温高达 30℃ 以上，部分戈壁地区地表温度更是超过 65℃，极寒极旱的恶劣天气导致有近 25% 的牲畜死亡，这给蒙古国农业的可持续发展及人民的健康生活造成严重的威胁。

第七章 东北亚地区应对气候变化开展区域合作

从经济学的视角来看，环境污染是一种典型的外部性现象，这使得多主体的环境治理活动开展困难，尤其是像东北亚地区这样的跨境环境污染问题。在气候变化的影响下，没有任何国家能够成为独立命运体，因而，东北亚各国政府及社会都认识到了携手合作、共同治理环境问题的迫切性，例如，日、韩、俄三国执政党在其国内政治方面的任何懈怠都有可能引起反对党的指责，继而遭受到社会公众的批判，所以为了获得较高的民意支持率，民生问题成为当政者不得不高度关注的焦点，尤其是社会公众所关注的环境问题，因此开展环境治理活动和推进环境合作成为这些国家外交政策中的重要内容。而中国一贯坚持"与邻为善、以邻为伴"的外交方针，近些年来，绿色低碳发展成为中国经济发展的重要主题，可持续发展理念不断深入，中国政府积极致力于东北亚环境保护及污染治理。中、日、韩、俄四个核心国家积极的环境合作意向切实有效地推进了东北亚地区多边及双边环境合作行动的开展。

一、东北亚地区合作

（一）东北亚环境合作机制高官会

1993 年，联合国亚洲及太平洋经济社会委员会（U. N. Economic and Social Commission for Asia and the Pacific，ESCAP）发起倡议，中国、日本、韩国、俄罗斯、朝鲜及蒙古国等国家积极参与，共同成立了次区域性环境合作机制——东北亚环境合作机制（North-East Asian sub-regional programme for environmental cooperation，NEASPEC）高官会，与会人员包括各成员国主管环境工作的部长，秘书处设在韩国仁川。NEASPEC 旨在推进东北亚地区环境保护和可持续发展，其框架在 1996 年蒙古国乌兰巴托举行的第三次高官会上被明确下来。NEASPEC

每年召开一次高官会，会议审核各方在自然保护、荒漠化和土地退化等方面的进展。

（二）　东北亚环境合作会议

东北亚环境合作会议（Northeast Asia Environment Cooperative Conference，NEAC）的参与者不仅有专管环境工作的环境部长，而且吸纳了各国的社会市民，但是该机制在2007年之后就不再单独运行，而是被作为更大环保机制的附属，但这也使得与会代表的水平层次存在着明显的差别。NEAC成立于1992年，是东北亚地区各国进行环境信息交流和环境保护议题研讨的重要平台，参与国有中国、日本、韩国、蒙古国和俄罗斯。

（三）　西北太平洋行动计划

西北太平洋海洋和沿岸地区环境保护、管理和开发的行动计划，简称西北太平洋行动计划（the action plan for the profection，management and development of the marine and coastal environment of the northwest pacific region，NOWPAP）① 第一次专家和国家联络点会议于1991年10月28日在俄罗斯联邦的海滨城市海参崴正式召开，为政府间会议提出行动计划建议。NOWPAP覆盖的地理范围包括朝鲜、日本、中国、韩国以及俄罗斯的所有海区与半海区。1994年9月又在韩国汉城（现已改名为：首尔）召开了NOWPAP第一次政府间会议（IGM1）。2004年11月15日，NOWPAP专家会议和应急计划国家主管机关代表会议在中国青岛市顺利召开，会议指出，NOWPAP正式进入了实施阶段，各成员国一致通过了关于加大海洋环境保护工作力度的项目；2018年NOWPAP各国就海洋垃圾治理与管理、海洋微塑料污染监测等议题进行了交流，此外，会议组织召开了NOWPAP海洋垃圾第一次联络员会议。2019年9月25日，中国、日本、韩国和俄罗斯四个NOWPAP成员国海洋垃圾联络员集聚中国大连棒棰岛，召开了NOWPAP海洋垃圾第二次联络员会议，并对海滩垃圾进行了清扫。

（四）　东北亚地区地方政府联合会

东北亚地区地方政府联合会（The Association of North East Asia Regional Governments，NEAR）旨在增进相互交流与合作，以推动东北亚地区共同发展。NEAR成立于1996年9月，由中国、日本、韩国和俄罗斯4个国家共同发起，随

---

① 西北太平洋行动计划是UNEP区域海洋项目的重要组成部分。

后，朝鲜和蒙古国相继加入联合会，现有成员包括 6 个国家的 77 个省级地方政府。联合会以全体会议为中心，下设事务委员会，其下又设立有专门解决各领域交流与合作事务的专门委员会。全体会议由各会员地方政府代表共同组成，每两年召开一次；事务委员会一般在全体会议召开后的第二年召开，成员均是各地方政府厅（局）长级别的官员；专门委员会共有 11 个①。2018 年 9 月 15 日，NEAR 能源气候变化专门委员会会议在中国山西省召开，会议交流了各国低碳发展的成果和经验，意欲推动东北亚地区能源低碳化进一步发展。2019 年 12 月 5日，NEAR 海洋与渔业专门委员会会议在中国山东省顺利召开，海洋经济区域合作、海洋环境治理合作等议题都是此次会议的主题。

（五）东亚酸沉降监测网

1998 年，东亚酸沉降监测网（EANET）正式组建，每年举办一次会议，旨在通过促进各国积极协作，解决东亚地区酸沉降问题，是由日本环境省发起并握有绝对主导权的东亚专项环境合作机制，共计 13 个成员，其中包括中国、日本、韩国、俄罗斯和蒙古国 5 个东北亚地区国家。2019 年 11 月 12 日，EANET 第二十一次政府间会议如期举行，中国生态环境部副部长赵英民在会议上向各国代表分享了中国在解决酸雨在内的大气污染问题方面所取得的卓越成就与经验，并表示中国愿意同各国开展积极合作，共同推动 EANET 切实有效地造福东北亚地区各国人民。

东北亚地区环境保护领域的合作还有中、日、俄、韩地方国际经贸论坛，中、日、韩环保企业圆桌会议，中、蒙、日、朝、韩沙尘暴项目，中、蒙、俄生态环保大数据服务平台等多种机制和项目。

二、中、日、韩环境部长会议

中、日、韩环境部长会议（Tripartite Environment Ministers Meeting，TEMM）是在中、日、韩三个国家政府支持下，由各国环境部长于 1999 年共同组织成立的以解决气候变化问题与环境领域，以及环境保护能力建设为主的涉及多个领域的综合性环境合作机制，旨在加强各国环境合作，促进区域可持续发展。

2015 年 4 月 30 日，TEMM 第十七次会议在中国上海市召开，会议上，时任

① 分别为经济通商、环境、教育文化交流、防灾、边疆合作、科学技术、旅游、海洋与渔业、矿产开发调整、能源气候变化以及妇女儿童专门委员会。

中国生态环境部部长陈吉宁高度肯定了 TEMM 环境合作机制在解决东北亚地区环境问题上的重要作用，最终，三国环境部部长就第二个联合行动计划达成一致意见。3 年过后，中、日、韩领导人会议再次召开，会议发布了《中、日、韩环境合作联合声明》，该声明有利于推进 TEMM 工作，深化区域环境合作。

2019 年 11 月 23 日，为期两天的 TEMM 第二十一次会议在日本北九州市正式召开，会议上，时任中国生态环境部部长李干杰深刻总结了中国积极参与国际环境合作和治理的态度及立场，高度赞扬了日、韩两国在东北亚地区环境保护和可持续发展上的成就，并强调中国愿意继续同日韩两国加深环境合作，共同推进东北亚地区环境治理合作，为实现区域可持续发展贡献中国力量、中国智慧、中国方案；日韩两国环境部长分别就本国近些年在应对气候变化行动、低碳发展战略等领域所取得的工作进展做了陈述，中、日、韩三国政府还首次联合发表了大气污染物的研究报告。

自 2011 年开始，TEMM 通过了新增青年论坛环节，这体现了会议高度重视并鼓励广大青年在区域环境合作及可持续发展方面发挥重要力量。论坛上，各国青年代表纷纷展示本国青年在环境保护方面的行动与努力，并就环境领域议题展开友好的讨论，最终形成报告并汇报 TEMM，各国青年代表还能够与各国环境部长直接对话，展现青年风采。

三、中日合作

中国和日本在气候变化领域的合作关系密切，中日环境合作已有三十多年的历史，基本形成了政府高层间、非政府间以及官民一体的多层次合作渠道。

"政府开发援助"（official development assistance，ODA）是指日本作为发达国家，向发展中国家提供低息，甚至无息的资金援助，而中国正是日本的援助对象之一。中日对话 ODA 援助实施于 1979 年；1981 年又开启了对华无偿援助，用于日方指定领域建设，其中就包括了环境保护；2008 年对华有偿援助正式被废除，截至 2019 年，日本对华无偿援助项目仍在继续推行，但据日本媒体报道，日本首相已正式提出希望结束 ODA 的建议。

1992 年中日两国政府共同成立了由日本政府担任主导角色的"绿色援助计划"。该计划建立在中国能源技术方面水平较为落后，而日本是拥有世界上最为先进的环保技术的国家之一的大背景下，两国在能源环境保护技术上存在明显的差距。尽管"绿色援助计划"确实极大改进了中国在能源技术上的不足，日本在洁净煤技术、煤炭高效利用技术等领域给中国提供了不小的帮助，中国的能源环境保护技术水平逐渐提升，但是中日双方在该计划上存在着显著分歧——中国想要日本转让先进的环保技术，而日本只愿意提供基础的环保技术。

1996年5月5日，由日本政府以无偿援助的形式投资105亿日元同中国政府展开环境保护合作的国家级环境发展中心——中日友好环境保护中心正式开始运行。2019年9月3日，中日友好环境保护中心改善大气环境相关研究与示范项目启动会在中国大连市举办；11月12日，中心就大气消耗臭氧层物质监测技术举行了交流会议，双方各自介绍了本国的相关法律与措施，在监测技术难点等领域进行了交流。会上，日方专家还对中国监测网络布点及频率等提出了切实有效的建议，为中国在推进大气监测技术领域的进一步工作提供了方向。2017年开始，创办了中日环境高级别圆桌对话会，并决定每年召开一次。

中国和日本两国于2006年首次召开中日节能环保综合论坛，决定以后每年召开一次，论坛旨在推进中日两国在能源消费和环境保护等领域深入合作，共同应对气候变化，促进区域可持续发展的合作机制。2018年双方代表围绕循环经济、洁净煤技术、低碳城市等多个议题进行了友好磋商，最终达成了24个合作项目；在2019年的论坛上，双方高度肯定了对方在应对气候变化行动上所做出的努力，并表达了深化节能环保领域合作的期盼，本次论坛双方在节能、循环经济、绿色技术等领域签署了多达26份合作项目。

四、中韩合作

相较中日两国开展的环境合作机制，中韩双边合作关系建立时间较晚。于1993年10月28日签订的《中华人民共和国政府和大韩民国政府环境合作协定》可以视作两国官方环境合作的起点，协定指出：双方充分认识到共同努力采取行动以应对环境问题的紧迫性，并鼓励双方在环境保护相关技术、经验等方面进行深入交流，为推动双方在本协定的框架下积极作为，中韩两国政府共同组建了韩中环境合作联合委员会，截至2019年底，已顺利召开了23次会议，在促进双方在环境保护及治理领域深入合作发挥着重要的作用。

雾霾治理是中韩两国环境保护合作的重点领域：为深入贯彻上一年中韩首脑会议通过的《中韩环境合作规划》在环境保护领域的合作精神，治理雾霾问题，2018年，中韩环境合作中心正式揭牌；12月，又正式成立了囊括大气化学、气候变化、国际法等多领域专家在内的中韩雾霾专家会议机制；

2019 年 1 月，中韩双方还共同启动了"晴天计划"合作项目，旨在共同研究雾霾等大气污染问题，并商定于次年 3 月召开"晴天学术会议"；2019 年 11 月 4 日召开的中韩环境部长年度工作会议审议并通过了合作中心指定的"晴天计划"具体合作项目和落实方案；同日，还召开了应对大气污染与气候变化论坛，时任中国生态环境部部长李干杰总结了中国政府在解决大气污染工作上所取得的成果，并表达了中国同各国扩大环境合作与交流的热烈期盼；2020 年第一次中韩雾霾专家会议在韩国新闻中心顺利召开，就中国雾霾治理状况和中韩环境合作问题展开了友好的协商，并制定了一系列相关措施。

除了国家政府间的合作外，韩国各级环境部门积极同中国各省建立起密切友好的环境合作关系。2016 年 6 月 8 日，韩国仁川召开了第一届中韩省长知事会议，共有 13 个地方政府的责任人与会，环境合作领域成为会议交流议题之一；截至 2018 年 11 月，韩国环境部已同中国的江苏省、陕西省正式签署了环境合作谅解备忘录；来自韩国的世宗、首尔、大邱等 7 个地方政府代表和中国的北京、内蒙古、江西、江苏等 9 个省份的代表共同出席了第二届会议。会议深入探讨了文化旅游交流与合作、气候保护及对策，会后，双方签署并发表了《共同宣言》；12 月，韩国技术人员联合中国大连市气象局技术人员全面升级改造了大连中韩沙尘暴监测项目，并就新系统使用、维护展开培训交流；2019 年 3 月，韩国京畿道同中国的山东省、广东省和江苏省就经济发展与环境保护等方面的进一步合作进行了协商；同年又与吉林省、辽宁省和黑龙江省建立起合作关系，共同应对环境问题。

五、中俄合作

大多数学者认为，可以将《中华人民共和国政府和俄罗斯联邦政府环境保护合作协定》视作中国和俄罗斯两国官方正式开启环境合作进程的起点。1997 年 11 月 10 日第五次最高级会晤，两国元首签订并发表了《中俄联合声明》，声明指出，双方应当在环境保护和污染治理领域采取共同行动；2001 年 10 月 27 日，《中华人民共和国和俄罗斯联邦睦邻友好合作条约》正式生效，条约指出，在保护环境方面双方要积极作为、共同努力；2003 年，签署的《中俄总理第八次定期会晤联合公报》把环境保护问题明确为双方重点合作项目；2006 年 3 月两国元首共同签署的《联合声明》强调，双方在环保领域的合作需要继续加强，并在边境地区环境保护领域达成合作意向；2007

年正式开始在界河水体区域开展水域质量联合监测行动；2019 年 6 月 5 日，双方达成一致意见，要致力于新时代全面战略协作伙伴关系，在环境保护领域，继续深化上中下游全方位一体化能源合作，加强跨界水体保护、应对气候变化行动合作；[①] 2019 年 7 月 26 日，中俄总理定期会晤委员会环保合作分委会第十四次会议高度肯定了两国在生态环境保护合作方面所做出的努力及所取得的成果，双方代表对过去一年里边境地区在生态环境保护、污染治理等领域的工作进展给予了积极评价，并表达了深化中俄环境保护合作的热切期盼。

能源合作始终是中国和俄罗斯环境合作领域的重点项目，在经过一次次耗时又耗力的谈判后，双方元首最终于 2008 年正式就启动副总理级能源谈判机制达成一致意见，在 2009 年一年内，中俄两国能源谈判代表先后进行了 5 次会晤，在第三次会晤上，两国代表在修建中俄原油管道、长期原油贸易等方面达成一致意见；并在两国陆续开工建设；2009 年中俄双方还在天然气、煤炭等能源领域达成合作谅解备忘录，并草签了出口输送天然气 680 亿立方米的贸易大单；2010 年 9 月底，中俄原油管道竣工投产仪式在斯科沃洛季诺举办，并由时任俄罗斯总统普京亲自开启了管道运输阀门，2011 年中俄原油管道已开始稳定供油；2014 年 5 月，在结束了整整 20 年漫长的谈判之后，双方代表在中国上海市正式达成《中俄东线供气购销合同》；2015 年 6 月底，中俄东线天然气管道中国境内段开工建设，并于 2019 年 12 月初在两国元首的共同见证下，正式投产通气；天然气是中国年消费量最多的能源之一，同时，天然气产生 CO_2 排放量相较其他化石能源要低得多，根据估计，在中俄东线天然气管道稳定供气后，中国在能源消费方面大约能减少 1.42 亿吨左右的 CO_2，可见，中国和俄罗斯在天然气项目上的合作加深有利于改善中国区域环境质量和推动双方在环境保护领域的进一步合作。

部门间合作和区域间合作也是中俄两国在环境保护领域的重要合作内容：环境保护合作之初的主要合作内容是中俄界河；此后，黑龙江省环境保护厅又相继和阿穆尔州、哈巴罗夫斯克等地区达成环境保护合作意向书；内蒙古自治区与西伯利亚州就跨界水体监测问题达成了长期合作意向；2019 年 9 月底，俄罗斯环境保护代表团应邀访问黑龙江省生态环境厅，双方就环境保护科技产业领域的合作进行了深入交流。

---

① 内容引自《中华人民共和国和俄罗斯联邦关于发展新时代全面战略协作伙伴关系的联合声明》。

《中华人民共和国政府和俄罗斯联邦政府环境保护合作协定》（1997）规定的环境保护合作相关领域包括：

（1）大气污染及酸雨的防治；

（2）水资源综合利用和水体保护，包括边境河流；

（3）危险废物的运输、利用和处置；

（4）清洁生产工艺和技术；

（5）海洋环境保护，特别是西北太平洋的保护；

（6）环境监测、评价及预报；

（7）自然生态环境及生物多样性保护，包括边界地区的共同自然保护区的建设和管理；

（8）城市及工业区的环境保护；

（9）环境保护宣传和教育；

（10）环境影响评价；

（11）环境保护和自然资源利用的法律、法规、政策，特别是有关的经济政策；

（12）双方同意的与保护和改善环境有关的其他领域。

第八章　东北亚地区低碳发展进程

在"低碳发展"理念得到国际社会的关注，各国陆续贯彻发展，并在工业发达国家间取得了成功的发展经验之际，再加上面临能源和气候危机，低碳发展势在必行，东北亚地区各国纷纷开启了低碳发展的进程。从阶段性来看，可以大致将低碳发展战略分为以下三个环节：通过提高能源使用效率以减少碳排放量的节能减排（energy saving and emission reduction），减少传统化石燃料使用量，大力发展清洁能源的使用新能源（renewable energy），通过技术创新将被排放到大气中的 CO_2 固化的碳捕捉与封存技术（carbon capture and storage，CCS），其中，CCS 技术被誉为引领人类走向低碳新时代的重要动力。

低碳发展从碳源的角度来说，要减少温室气体排放量；而从碳汇的角度来说，则是通过植树造林、退耕还林等方式增加植被吸收大气中的 CO_2。庄贵阳认为，气候博弈实际上已转化为争夺碳排放权为核心的发展空间[1]，因此，本书主要从碳源角度分析各国低碳发展进程。

一、中国低碳发展进程

张世秋[2]认为中国低碳发展在于能源结构调整、产业结构局部调整和技术革新；邹骥表示碳排放是未来世界经济发展的核心战略资源，中国必须寸土必争，同时，中国发展低碳经济面临很多的挑战，必须冷静对待，防止"大跃进"。[3]

1978 年是我国实行改革开放政策，推动经济高速腾飞的起点，也是节能环保事业发展的起点。当年颁布的《中华人民共和国宪法》中制定了相关条约规

---

①　王文军，庄贵阳.《碳排放权分配与国际气候谈判中的气候公平诉求》[J]. 外交评论（外交学院学报），2012，29（1）：72 - 84.

②　张世秋，北京大学环境与经济研究所所长，环境与资源经济学家学会会员。

③　引自邹骥接受《大公报》专访谈论。邹骥，中国生态经济学会理事，中国环境科学学会环境经济专业委员会常务委员，联合国气候谈判中国代表。

定了环境保护问题；1979 年 9 月，又实施了《中华人民共和国环境保护法（试行）》，这被看作中国环境保护法制化的开端；1982 年中央政府设立国家环保机构，次年又将环境保护列为基本国策；随后，中国政府又相继发布了工矿企业、电力、建筑业等行业节能环保的管理办法和水污染防治、船舶污染管理、陆源污染物海洋污染、大气污染防治等各单项法律。

中国政府在 20 世纪坚持强调发达国家在工业化进程中率先实现经济飞速发展的同时，也排放了大量的以 CO_2 为主的温室气体。发达国家应当承担起率先减排的国际责任，而中国等发展中国家虽不必要承诺减排义务，但并不意味着中国不重视气候变化和环境保护问题，中央政府不断完善在各行业的节能环保政策，1995 年中央政府将可持续发展定为国家战略。

21 世纪以来，重化工业纷纷上马，中国经济迅速增长的同时也消耗了大量的以煤炭、石油为主的化石燃料能源，随之造成的就是 CO_2 排放量骤增，1978 年中国 CO_2 排放量还只是美国的 31.63%，2000 年也仅为美国 CO_2 排放量的 58.49%，到 2005 年已超过美国，相当于美国的 104.25%，成为全球 CO_2 排放量第一大国[①]；由于美国较早步入工业化进程，并在 20 世纪末就已经进入了后工业化阶段，在生产方式等方面基本健全成熟，CO_2 排放量不断降低。而中国整体来说还处于工业化中期向工业化后期发展的阶段，消费大量的能源是社会经济发展的必要基础之一。

2007 年，为履行国际减排职责，中国政府出台了《中国应对气候变化国家方案》，方案强调从能源消费、产业结构、生产技术及制度建设等多个方面促进减缓温室气体排放；中国政府坚持低碳发展的决心，做出了降低碳排放强度的承诺；2010 年 4 月 12 日，2010 中国低碳经济发展论坛在四川省成都市召开，会间，来自国家有关部委及地方政府的官员，部分高校和研究机构的专家学者就低碳研究的前沿成果及其未来展开讨论。中国政府开始重视低碳发展，温室气体减排被提上发展议程，针对钢铁工业、石油化工工业、交通运输、有色金属工业等重点行业领域所制定的减排措施初见成效，推动经济低碳发展成为各界的共识。

自 2011 年至今，中国进入了温室气体减排的布局实施阶段，低碳发展理念深入人心、得到社会各界的高度重视。中国积极参与并推动全球气候变化治理新体系的构建，2011 年 10 月，依据"十二五"规划纲要，国家发展和改革委员会正式通过了 7 个省市[②]在 2013 年正式启动碳排放交易试点工作的申请，并逐步投

---

① 数据根据英国石油公司（BP）统计资料计算所得。
② "十二五"规划纲要首批碳排放交易市场试点七个省市：北京、天津、上海、重庆、湖北、广东和深圳。

入运行。截至 2019 年 6 月，7 个试点省市的碳排放交易市场累计成交量已突破 3.3 亿吨，累计成交额近 71 亿元；[①] 开发可再生能源成为中国能源结构调整的重点：2018 年中国可再生能源在一次能源消费总量中的占比从 2011 年的 0.85% 上升至 4.38%，[②] 而且国家对能源战略越发重视，出台了一系列相关政策，这一比例仍将继续上升。调整能源消费结构、推动产业结构转型、建立健全低碳发展市场机制等都是这一时期中国实现温室气体减排目标的关键举措，并仍将是今后较长时期扩大成果、继续减排的重要措施。2011 年以来，中国的低碳发展战略在节能减排的基础上开启了使用新能源的新阶段，多种措施并举有效地减缓了温室气体的排放。

目前，CCS 技术在中国仍然处于示范性应用项目，主要集中在煤化工、钢铁行业等领域，2017 年在陕西省榆林市建成中国第一个大型 CCS 示范项目，每年捕获 CO_2 排放量 40 万吨。对中国这样一个工业生产大国和 CO_2 排放量大国而言，CCS 技术能够有效促进国家实现减排目标，而且中国在 CCS 技术原有的捕集和存储环节上提出 CO_2 利用，并在各示范性项目中取得了一定的成就。2018 年，吉林油田大情字井油田成功捕集碳 60 万吨，并将其投入生产强化驱油，实现 CO_2 资源化以产生经济效益。碳捕集利用与封存（carbon capture, utilization and storage, CCUS）技术引起了各大国有石油企业的兴趣及关注。截至 2019 年 8 月，CCUS 国家级示范项目已完成数十个，还有十余项国家重点研发计划。[③]

二、日本低碳发展进程

日本是应对全球气候变化行动的领导者，在全球环境问题上为促进全球环境事务合作贡献出榜样力量。日本政府高度重视气候变化问题，并积极倡导低碳发展战略。为解决国内能源资源紧缺所造成的不利影响，早在 20 世纪 70 年代石油危机爆发前，日本就尤为关注能源问题，通过不断改进能源使用技术，提升能源使用效率，降低碳排放强度等方式减缓气候变化；1974 年施行了"阳光计划"、1981 年启动了"月光计划"、1993 年又出台了"新阳光计划"，这一系列的能源策略极大地推动了传统能源利用技术的发展和清洁能源的开发。

1997 年，日本成立了以首相为首的"全球变暖对策推进本部"次年，又颁

---

① 我国 7 个试点碳市场累计成交额约 71 亿元 "十四五"期间将扩大交易范围，第一财经，2019 年 9 月 20 日。

② 数据根据英国石油公司（BP）统计数据计算所得。

③ 数据引自国家科技部 2019 年 12 月发布的《中国碳捕集利用与封存技术发展路线图（2019 版）》。

布了《全球气候变暖对策推进法》和《面向 2010 年的全球变暖对策推进大纲》；2000 年 6 月，日本政府正式颁布了《循环型社会形成促进基本法》；21 世纪以来，日本政府高度重视国民环保意识的教育与宣传，并通过多种政策对各种破坏、污染环境的行为严加惩戒；2001 年美国借口《京都议定书》有损美国利益而拒绝签署，日本三党执政联盟还发表联合声明劝说美国政府，并为最终《京都议定书》的签署贡献出作为气候外交事务领导者的力量；2003 年，日本政府出台的《可再生能源标准法》，从根本上要求能源公司必须充分保障可再生能源供给；2006 年 5 月底，《新国家能源战略》生效，通过法律性约束推动国家节能环保进一步发展；2007 年，环境保护被日本列为国家战略，同年，低碳社会建设被提上日本社会经济发展的日程；2008 年，日本政府又出台了"低碳社会行动计划"，低碳社会建设成为日本社会经济发展的长期目标，深入实施节能减排行动，风力、太阳能、地热能等可再生能源被列为能源发展战略的重点，日本低碳发展战略的实施是典型的举国体制，由政府主导并呼吁全民参与，中央政府、地方各级政府、各企业以及国民携手共同建设低碳社会；2012 年日本政府开始针对汽油、煤炭等化石燃料征收碳税，日本环境省预测：到 2020 年，碳税制度的推行至少能减少 176 万吨 CO_2 的排放量，将征收碳税用于清洁能源发展，这样还能减少 399 万 ~ 2 175 万吨 CO_2 的排放量。2018 年日本太阳能发电量高达 60 千兆瓦，是全球第二大太阳能光伏市场，太阳能已成为日本家庭普遍利用的能源，在日本的市场占有率超过 30%。节能减排、使用清洁能源[1]是半个世纪以来日本低碳发展战略的重点环节。

日本从 20 世纪 80 年代就开始研究 CCS 技术，并成立了相关机构进行发展管理，尤其是在近些年，日本在 CCS 技术领域取得了巨大的成功[2]。2019 年 4 月底，日本已实现成功捕集火力发电站排放到大气中的 CO_2 并将其封存埋藏到海底，株式会社东芝（Toshiba Corporation）计划于 2020 年夏季在福冈三川发电站启动实证试验，这将是日本 CCS 技术商业化运作进程中最为重要的一个环节。一旦海底储存设备正式投入商业化运作，日本完全有能力实现在海底储存 3 亿吨以上的 CO_2 排放量[3]，届时，日本建成低碳社会，乃至"零碳"社会都将指日可待。

---

① 日本清洁能源主要包括风能、水力、太阳能、生物质能等。

② 尽管欧美等西方国家已经实现通过管道的陆地储存方式，但目前全球只有挪威海域设有一个 CO_2 封存点，仍然主要采用管道运输方式，而日本由于土地资源匮乏，政府制定海底封存方式的战略，设备要求更为严格，设备维护十分困难。

③ "日本试验海底储存二氧化碳或成应对温室效应有效手段"[N]. 成都商报, 2019 – 05 – 03.

三、韩国低碳发展进程

　　韩国是典型的能源消费大国和 CO_2 排放大国，煤炭、石油、天然气等化石燃料消耗是韩国 CO_2 的主要排放源，近些年由消耗化石燃料所排放的 CO_2 在 CO_2 排放总量中的占比超过85%[①]。和日本相同，韩国能源资源匮乏，国内需求基本依赖于进口。因此，节能减排、使用新能源成为韩国低碳发展战略的重点方向：早在1992年，韩国政府就对电冰箱、洗衣机等家电产品制定了最低能效标准，并强制各企业实行；1998年韩国政府就在国内企业间推行自愿协议减排制度。

　　为缓解全球金融危机对国民经济的冲击和完善国内经济结构弊病，时任总统李明博在2008年8月指出，"低碳绿色增长战略"是未来时期韩国经济发展的基本方向，降低化石燃料在能源结构中的比重，不断提高可再生能源使用比例以及积极改进能源使用技术水平等方式是韩国政府为落实战略实施的重要途径；9月又通过了以"低碳绿色发展战略"为基本要求的国家级战略计划——"第一阶段国家能源基本计划"（2008～2030年）；随后，出台实施了《气候变化基本法》；9月19日，《气候变化应对综合基本计划》正式出台；2009年2月，为推进"低碳绿色增长战略"，韩国政府将气候变化对策委员会、国家能源委员会、可持续发展委员会整理融合成立起绿色发展委员会，由国家总统直接负责；7月，为把韩国发展成为"绿色强国"，韩国绿色发展委员会从促进温室气体减排和能源自立、开发绿色环保技术和绿色产业、推动绿色生活方式三个方面制定了推进战略，并出台了十大政策方针；2010年，又在国内试点施行能源利用强制减排制度，根据这个制度，2010～2012年这些试点的能源消耗量将减少至少37%；4月中旬，《低碳绿色增长基本法》施行令正式被批准签署，这意味着该基本法即日起正式生效，该基本法指出，韩国政府要投入高达310亿美元的预算，并对化石燃料的消耗加以限制，鼓励各企业使用新能源和可再生能源；2011年，韩国政府推出"绿色信用卡"——社会公众的每一次节能减排行动都能获得相应的绿色积分，民众凭借累积的绿色积分可以在消费时享受折扣；2013年，韩国政府下令全面实施"节能减排"政策，甚至对夏季居民空调温度都做出了严格的规定；近些年来，韩国政府通过财政补贴、税收减免、立法保障等多种方式大力扶持新能源和可再生能源的开发及

---

① 数据根据英国石油公司（BP）统计数据计算所得。

使用，截至 2020 年已基本实现新能源交通完全覆盖各大城市，2016 年韩国贸易部部长曾表示韩国拟在可再生能源领域投入约合 366 亿美元；2017 年又提出"可再生能源 3020 实施计划"；2019 年 4 月，韩国政府又公布了最新的可再生能源计划，到 2040 年，可再生能源在能源消费结构中的比重要提高到 35%，这对韩国推进低碳发展战略深入实施具有重要意义。2020 年 1 月 12 日，韩国证券期货交易所正式启动了韩国碳排放交易市场，该市场成为全球第二大的碳交易市场，为全球低碳发展注入新活力。

> 为落实三大推进战略，韩国政府制定的十大政策方针：
>
> （1）2009 年内制订中长期温室气体减排目标，2010 年开始分阶段推进；
>
> （2）2009 年开始试行能源目标管理制度，2010 年正式实施，逐渐降低石油依赖度，实现能源自立；
>
> （3）构建海洋管理和灾害预防体系，加强对水资源和森林生态的治理，提高气候变化的适应能力；
>
> （4）加强绿色技术研发投资，重点培育 LED、太阳能电池和混合能源汽车等绿色技术产品，五年内要使韩国此类产品的世界市场占有率达到 8%；
>
> （5）加强对现有主力产业的绿色技术改造，积极培育资源循环型的新兴绿色产业；
>
> （6）发展尖端技术融合交叉型产业，培育医疗、教育等高附加值的服务产业，改变能源依赖型的产业结构；
>
> （7）从 2011 年开始试行碳排放交易制度，2012 年正式实行，同时通过金融、税收以及人才方面的支援措施，为绿色经济打下坚实基础；
>
> （8）在地方经济开发中注重资源的循环利用，倡导发展绿色建筑和绿色家居，积极发展绿色交通工具；
>
> （9）通过扩大绿色认证产品和绿色生活家庭的范围，积极倡导绿色生活模式；
>
> （10）将官方发展援助（ODA）的 20% 用于支援绿色发展，积极参与全球绿色发展合作，使韩国成为绿色发展模范国家。

CCS 技术也是韩国低碳发展战略的重要投资项目之一，2010 年韩国发表政府声明表示将投资约合 19.2 亿美元用于 CCS 技术研究与开发；2017 年韩国电力研究院同中国华能集团建立起了碳捕集与封存国际合作项目。

四、俄罗斯低碳发展进程

自 20 世纪 90 年代苏联解体以来，俄罗斯经济呈现出严重的资源依赖性和粗放特征，重化工业比重过重，能源和原材料部门占比不断增加。

基于国内实际情况，俄罗斯政府将调整优化产业结构、不断推进技术进步、提高能源资源利用效率制定为国家节能减排行动的重点项目：1996 年 3 月 20 日，为有效利用动力资源能源以实现经济可持续发展，俄罗斯联邦会议正式通过了《俄罗斯联邦法令节能法》，并在之后进行多次修订；《俄罗斯联邦环境保护法》于 2002 年 1 月开始正式生效，为 21 世纪国家环境保护行动设立了法律保障；随后，为调节能源结构，俄罗斯政府又相继制定了《能源政策法》《节能法》《石油和天然气法》；2009 年 1 月，俄罗斯能源部颁布了《俄罗斯联邦可再生能源发电支持机制》，该支持机制明确规划了俄罗斯可再生能源的发展目标；为通过法律、经济等多种措施促进能源节约和提高能源利用效率，俄罗斯政府又出台了《俄罗斯联邦关于节约能源和提高能源利用效率法》，并逐步投入实施部分项目；11 月底，《俄罗斯联邦 2030 年前能源战略》正式获批，为推动能源结构转型与优化提供了发展方向；随后，俄罗斯政府又出台了《节约能源和提高能源利用率及对俄罗斯联邦某些立法行为的修正》，该法令规定了补贴领域的节能减排标准；2013 年，俄罗斯政府通过了《2013 年—2020 年能源效率和能源发展规划》，该规划明确指出，节能减排降耗是俄罗斯能源发展的重点方向；2018 年俄罗斯政府宣布将实施大规模能效计划，再加上此前通过的提高能源效率的综合计划措施，坚持实施这样的计划，能够推进俄罗斯的节能环保行动进一步落实，有效降低各种能源载体的能耗水平。

绿色能源是俄罗斯近些年来能源战略的重点，2013 年俄罗斯政府签署了系列法律，以保障到 2020 年可再生能源发电量在全国需求总量中的比重超过 2.5%，以及清洁能源装机容量能够达到 6 吉瓦（GW），该项目已被称为 6GW 清洁能源项目；俄罗斯于 2016 年启动了清洁能源项目，以及获政府批准的旨在研究与开发可再生能源、改善能源消费结构的绿色能源支持项目，到 2020 年已投资支持项目 437 亿卢布，预计到 2024 年结束，俄罗斯将共计投入约 1.5 万亿 ~ 1.6 万亿卢布。

【本篇小结】

本篇从东北亚地区各国的基本概况、气候变化现状、区域环境合作及低碳发展进程等视角进行分析。

第一，整理世界银行数据库中的相关资料，从经济总量、产业结构、人口规模、城市化率等角度分析东北亚地区各国社会经济发展情况；利用英国石油公司（BP）的统计数据，分析中国、日本、韩国和俄罗斯四个主要东北亚国家能源消费总量及能源消费结构；核算四个国家的碳排放量及温室气体排放总量结构情况。

第二，对东北亚地区各国的气候变化现状做总体性描述，再分别分析气候变化对各国社会经济方面的不利影响。

第三，气候变化合作已成为国际合作事务的主要项目之一，东北亚地区各国多边、双边合作日益频繁，对包含中国在内的东北亚地区国家气候变化区域合作机制进行整理。

第四，通过整理中国、日本、韩国和俄罗斯四个国家的低碳发展进程，可以发现，产业结构转型、能源技术进步、积极研究与开发清洁能源等举措是东北亚地区各国低碳发展战略的主要环节，日本在 CCS 技术领域处于国际领先地位。

第三篇

中国东北老工业基地气候变化与低碳发展[①]

　　一般而言，中国东北地区是指辽宁省、吉林省和黑龙江省，东北地区是我国重要的工业和农业基地。东北地区工业经济起步较早，在 20 世纪 30 年代就已建成了完整的工业体系，成为当时国内最先进的工业基地。东北地区工业化率早在 1931 年就高达 59.3%，而中国整体水平这一指标直到 2003 年才突破 55%。在 1945 年，东北地区工业规模就已经超过日本全国规模，东北地区当年工业产值占中国总产值的比重超过 85%，当时的东北地区可谓是全中国经济发展的楷模。

　　中华人民共和国成立以后，得益于原有的工业基础和紧邻当时的超级大国苏联的独特地理地缘关系，东北地区成为那个时期中央政府投资建设的重点，一度占有中国 98% 的重工业。东北地区深入贯彻了国家计划经济体制，经过 20 世纪 50 年代的 "一五" "二五" 时期社会建设，逐步形成了以原油加工、建筑、钢铁等重工业为主的工业结构，并逐步倾向于采掘业，为中华人民共和国成立初期的发展贡献了巨大的力量，被称为 "共和国长子"。

　　但长期依赖于计划经济体制，使得东北地区在改革开放过后暴露出产业结构不合理、技术水平落后、制度建设滞后等一系列问题，东北地区经济发展速度相

　　[①]　本篇内容在佟新华教授 2018 年指导的硕士毕业生马宇恒的毕业论文《东北地区 2030 年碳排放达峰路径研究》的基础上修改。

较东部沿海地区明显缓慢得多。尤其是20世纪90年代后，东北地区GDP和工业增加值由改革开放初的近15%和20%均下降到了10%以下，成为我国三大板块（东部、西部、东北）中发展速度最慢的区域，在全国各省份经济发展排名中处在末尾，逐渐呈现出"东北现象"①"新东北现象"② 等经济发展难题。

目前，我国正处于新一轮制造业周期的起点，制造业面临着新一轮的技术更新以及设备更替阶段，东北地区经济发展面临着重大挑战。东北地区是中国的"老工业基地"，而工业消耗能源释放的CO_2排放量相当大，据估算，2000～2016年东北地区工业直接碳排放量占全国碳排放总量的比例平均超过95%，根据国家统计局固定能源消费数据计算得出，2000～2012年黑龙江、吉林、辽宁三省的碳排放总量均呈现出逐年高涨的态势，碳排放总量分别增加了2.01倍、2.43倍和1.99倍，2012年后东北地区三省碳排放总量缓慢下降，截至最新数据，到2016年底，降幅分别为2.87%、1.30%、5.39%，节能减排的形势仍然严峻。而东北地区能否如期实现达峰是实现我国在哥本哈根气候大会中承诺的关键环节。如何在保证东北地区经济持续发展的同时，又能实现低碳发展，这是进入新时代以来，东北地区必须解决好的一道难题。

在此背景下，本篇以在气候变化大背景下，东北地区坚持低碳发展战略为主题，首先分析东北地区人口规模、经济发展与结构现状、碳排放现状；厘清经济发展与气候变化之间的关系；然后应用LMDI模型分解分析影响东北地区碳排放的因素；运用扩展后的STIRPAT模型和主成分分析法推算不同情形下的碳排放量及峰值碳排放量；最后通过单因素分析和可控性分析研究碳排放达峰路径。

---

① "东北现象"是指东北地区出现矿产资源枯竭、工业结构失衡、企业步履艰难、效益严重下滑、接续产业匮乏等问题。

② "新东北现象"是指我国加入世界贸易组织（WTO）以来，作为重要粮仓的东北三省，面临传统优势农产品大量积压、农民增收缓慢、农业经济效益难以提高等尖锐问题，农产品生产成本高、市场竞争力差等缺点暴露无遗。

第九章 东北老工业基地基本概况

一、东北地区社会经济发展现状

(一) 人口规模

自习近平总书记在中央经济工作会议上提出中国经济进入"新常态"的重要论断以来，推动经济由"高速度增长"转向"高质量发展"成为中国各地区经济发展的重点内容，但与大部分地区经济增长速度逐步放缓的情况有所不同，东北地区处于一种"稳步"下滑的状态。从人口因素考虑，2019 年东北地区常住人口约 10 794 万人（其中，黑龙江省 3 751 万人、吉林省 2 691 万人、辽宁省 4 352 万人），相较 2017 年下降了 0.74%，较 2009 年下降了 1.04%，相比近十年人口数量最多的 2013 年和 2014 年的 10 976 万人，降低了近 1.66%，近五年东北三省常住人口总数均持续降低，连年出现"负增长情况"（见图 9 - 1）。相比"十二五"时期初始年份 2011 年，黑龙江省人口下降情况最为严重，人口总数减少 61 万人，吉林省人口总数减少 36 万人，降低幅度最大，高达 1.64%，辽宁省常住人口总数虽有减少，但相对稳定。

如图 9 - 2 所示，与人口总数呈现下降趋势相反，东北地区城市化率——城镇人口数量占总人口的比重均呈现出缓慢增长的态势，2019 年东北地区整体城市化率达到 63.15%，相比 2009 年增长了 6.27%，其中增长速度最快的是辽宁省，上升了近 7.76 个百分点，2019 年城市化率高达 68.11%；而吉林省 2019 年城市化率较 2009 年仅上升 4.95 个百分点，是三个省份中增长最慢的；黑龙江省涨幅为 5.41%，2019 年黑龙江省城市化率为 60.90%。各省常住人口总数及城市化率详情见表 9 - 1。

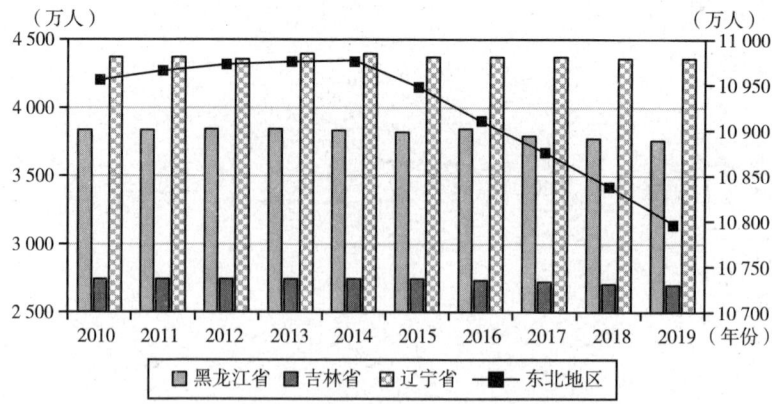

图 9 – 1　2009 ~ 2019 年东北地区及各省人口总数

资料来源：根据各省 2010 ~ 2019 年各省统计年鉴及 2019 年统计公报整理得出。

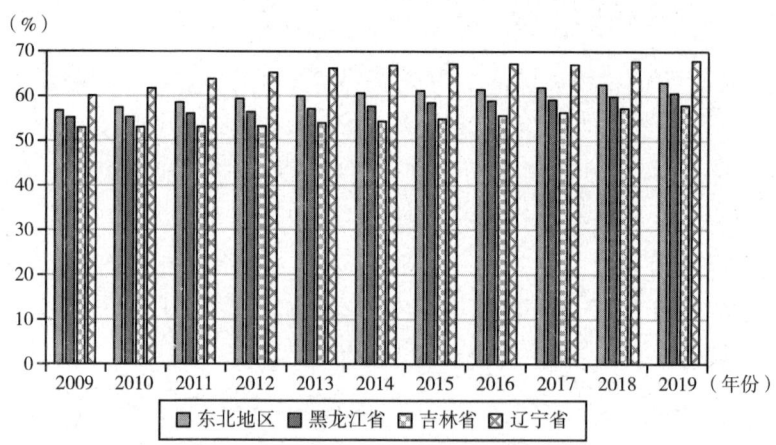

图 9 – 2　2009 ~ 2019 年东北地区及各省城市化率

资料来源：根据各省 2010 ~ 2019 年统计年鉴及 2019 年统计公报整理得出。

表 9 – 1　　　　东北地区及各省 2009 ~ 2019 年常住人口和城市化率

年份	东北地区		黑龙江省		吉林省		辽宁省	
	常住人口（万人）	城市化率（%）	常住人口（万人）	城市化率（%）	常住人口（万人）	城市化率（%）	常住人口（万人）	城市化率（%）
2009	10 907	56.88	3 826	55.49	2 740	53.32	4 341	60.35
2010	10 955	57.65	3 833	55.67	2 747	53.33	4 375	62.10
2011	10 966	58.74	3 834	56.49	2 749	53.40	4 383	64.04
2012	10 973	59.60	3 834	56.91	2 750	53.71	4 389	65.64
2013	10 976	60.21	3 835	57.39	2 751	54.20	4 390	66.45

续表

年份	东北地区		黑龙江省		吉林省		辽宁省	
	常住人口（万人）	城市化率（%）	常住人口（万人）	城市化率（%）	常住人口（万人）	城市化率（%）	常住人口（万人）	城市化率（%）
2014	10 976	60.83	3 833	58.02	2 752	54.83	4 391	67.05
2015	10 947	61.35	3 812	58.79	2 753	55.32	4 382	67.37
2016	10 910	61.67	3 799	59.20	2 733	55.98	4 378	67.36
2017	10 875	61.96	3 789	59.38	2 717	56.65	4 369	67.50
2018	10 836	62.68	3 773	60.11	2 704	57.53	4 359	68.09
2019	10 794	63.15	3 751	60.90	2 691	58.27	4 352	68.11

资料来源：根据各省统计年鉴整理得出；2019 年数据引自各省 2019 年国民经济和社会发展统计公报。

在人口老龄化方面，如果一个国家或地区 65 岁以上老年人口在人口总数中的占比超过 7%，则认为该国家或地区已经步入老龄化社会；如果比例达到 14% 便是老龄社会，超过 14% 而不足 21% 的过程被称为超老龄化。而东北地区 2019 年 65 岁以上老年人口数量高达 1 598.61 万人，老龄化率为 14.81%，远远超过了老龄化社会的国际标准。黑龙江省、吉林省和辽宁省的老年人口数量分别为 517.68 万人、374.83 万人和 706.10 万人，老龄化率分别为 13.80%、13.93% 和 16.20%，由此可以说黑龙江省和吉林省正处于老龄化社会，而辽宁省则步入了老龄社会，且处于超老龄化阶段，详见图 9-3。

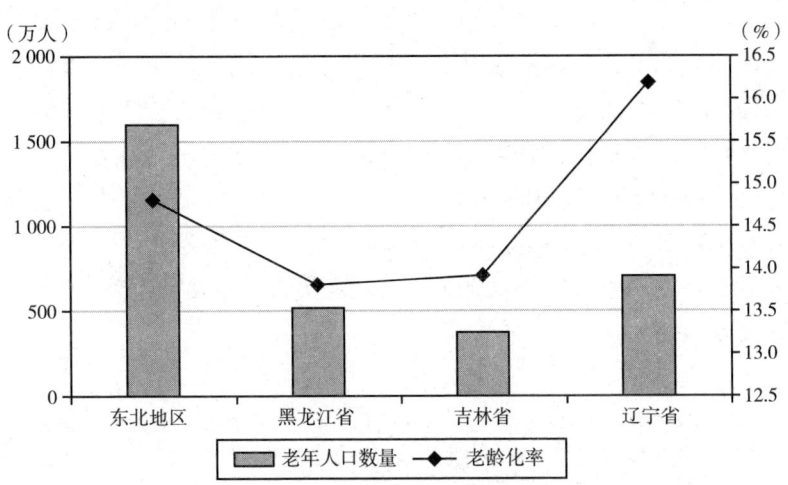

图 9-3　2019 年东北地区及各省 65 岁以上老年人口数量与老龄化率

资料来源：2019 年东北三省的国民经济和社会发展统计公报。

自改革开放以来，东北地区国有经济依赖度远远高出全国平均水平。[①] 相较于东部沿海地区，传统重化工业占比过高、人才外流严重等一系列区域性问题制约着东北地区持续性发展。尤其是随着近些年长三角、珠三角等地区高速发展，东北地区大量专业性人才流出南迁，在一定程度上对东北地区产业发展和技术进步造成了严重的影响。在中国 30 个省份[②]高校毕业生人才吸引指数[③]排名榜上，广东省（10.78）、上海市（8.13）和浙江省（7.82）分列前三位，而东北三省均处在榜单末尾，且全部表现出人才流失态势，吉林省以 -2.97 位列第 26 位，辽宁省 -4.17 位居第 28 位，黑龙江省 -6.19 位居末位。根据梧桐果公司所公布的研究数据，东北地区同样是 2019 届毕业生就业难度指数[④]最高的区域，数值为 1.89，毕业生数量同职位数量间的缺口相当严重。

为解决严重的人才外流问题，东北地区多地出台了人才新政借以助力东北地区经济发展。为推动高层次人才引进驶入快车道，辽宁省于 2018 年 12 月制订了人才服务三年行动计划；2019 年 2 月，黑龙江省优化升级各种人才引进与落户等政策，倾力提高人才人事服务振兴发展质量。

（二）经济发展水平

从时间维度考虑，东北地区的经济发展大致可以分为四个阶段：从中华人民共和国成立初期计划经济体制到 1978 年改革开放经济筑底阶段，到 2003 年提出全面振兴东北老工业基地战略经济疲软凸显阶段，再到 2014 年经济进入新常态时期经济实现腾飞阶段，以及从 2014 年至今经济发展缓慢甚至是负增长阶段。

20 世纪中叶，我国经济和文化等各项事业因为战争的原因一直处在较为落后的地位，而此时的国际大环境下，工业革命浪潮席卷全球。为推动工业化进程，中央政府提出了大力发展重工业的计划，东北地区凭借着中华人民共和国成立前期所建立的雄厚的工业基础和毗邻苏联的这一优越地理地缘位置优势得到了中央政府的大力支持，并快速迈向了工业时代。据不完全统计，在"一五"计划到"五五"计划期间，中央政府累计投入东北地区建设资金近 1 044.16 亿元，占全国总量的 21%。

---

① 2016 年辽宁省国有经济占比超过 30%，吉林省约为 48%，黑龙江省更是超过了 50%。
② 由于缺少西藏自治区和港澳台地区相关数据，故未计入统计。
③ 数据引自统计公司梧桐果的统计数据，人才吸引指数反映了一个地区对人才的吸引力，指数为正数表示该地人才净流入，指数为负表示该地人才净流失。人才吸引指数 = 当地人才净流入量/全国人才流动量。
④ 就业难度指数，反映了高校毕业生供给与企业需求间的关系，该指数越大，代表毕业生就业压力越大。就业难度指数 = 毕业生数量/企业职位发布量。

　　改革开放之后，计划经济体制和优先发展重工业的经济思路被中央政府逐渐放弃，自由经济思潮和外向型轻工业得到国家重点发展，中央政府建设投资资金急剧缩减，这使得依赖于重工业投资的东北地区产业结构落后、经济发展疲软等问题暴露无遗，严重制约着东北地区经济健康发展，成为我国三大板块（东部、西部、东北）中发展速度最慢的区域。

　　进入 21 世纪后，东北地区衰弱的态势始终未能实现扭转，从曾经的全国经济发展的楷模变成了国家经济发展的短板，这一问题得到了中央政府的高度重视。"振兴东北老工业基地"战略的落实，极大地推动了东北地区经济实现腾飞，此阶段东北地区整体年均增长率高达 16.28%，其中吉林省为 17.89%，是三个省份中增长率最高的，辽宁省次之为 16.91%，黑龙江省年均增长率仅14.00%，为增速最慢的；2003 年东北地区人均 GDP 仅为 11 944.32 元，到 2014年底已达到 57 469.10 元，是 2003 年的 4.81 倍；工业在此阶段也得到飞速发展，增长了 3.10 倍之多，年均增长率达 15.15%。尽管东北地区在 2003 ~ 2014 年实现了经济腾飞，但这也只是缩小了东北地区与全国主要城市之间的差距，2003年东北地区整体人均 GDP 与上海市、北京市分别相差 2.28 倍和 1.92 倍，到2014 年底上海市和北京市人均 GDP 仅为东北地区的 1.86 倍和 1.91 倍。经济腾飞阶段东北地区及各省社会经济状况如图 9 - 4 所示。

　　2014 年过后，东北地区经济增长缓慢，甚至呈现负增长。根据 2019 年统计资料，2019 年东北地区整体 GDP 仅为 50 249.02 亿元，相比 2018 年下跌11.46%，较 2014 年减少了 717.51 亿元，年均增长率为 - 2.65%；2014 ~2019 年间，黑龙江省年均增长率 - 1.97%，吉林省为三个省份中年均增长率最低的，为 - 3.21%，而辽宁省更是在 2016 年出现了大幅下跌的现象，但在度过 2016 年结构转型的阵痛后，2017 年和 2018 年逐渐回暖，2019 年略有下降，年均增长率 - 2.74%，2019 年 GDP 较 2014 年下降了 12.98%，如表 9 - 2 所示。

　　自 2014 年开始，中国经济迈入新常态，资源衰竭、人口老龄化和改革停滞不前等问题成为中国经济可持续健康发展的主要阻力，中央政府积极推进供给侧结构性改革，调整产业结构成为改革重点，作为老工业基地的东北地区的工业经济发展受到严重的影响，如表 9 - 3 所示，2017 年地区工业增加值仅为 16 208.20亿元，仅为 2014 年的 69.94%，年均增长率高达 - 16.37%，工业化率仅为30.77%。为全面振兴东北地区，国务院开启了全面振兴东北老工业基地的第二轮黄金期，计划至 2020 年，东北地区在地区优势制造业、企业改革等重点领域取得突破，至 2030 年实现总体升级。

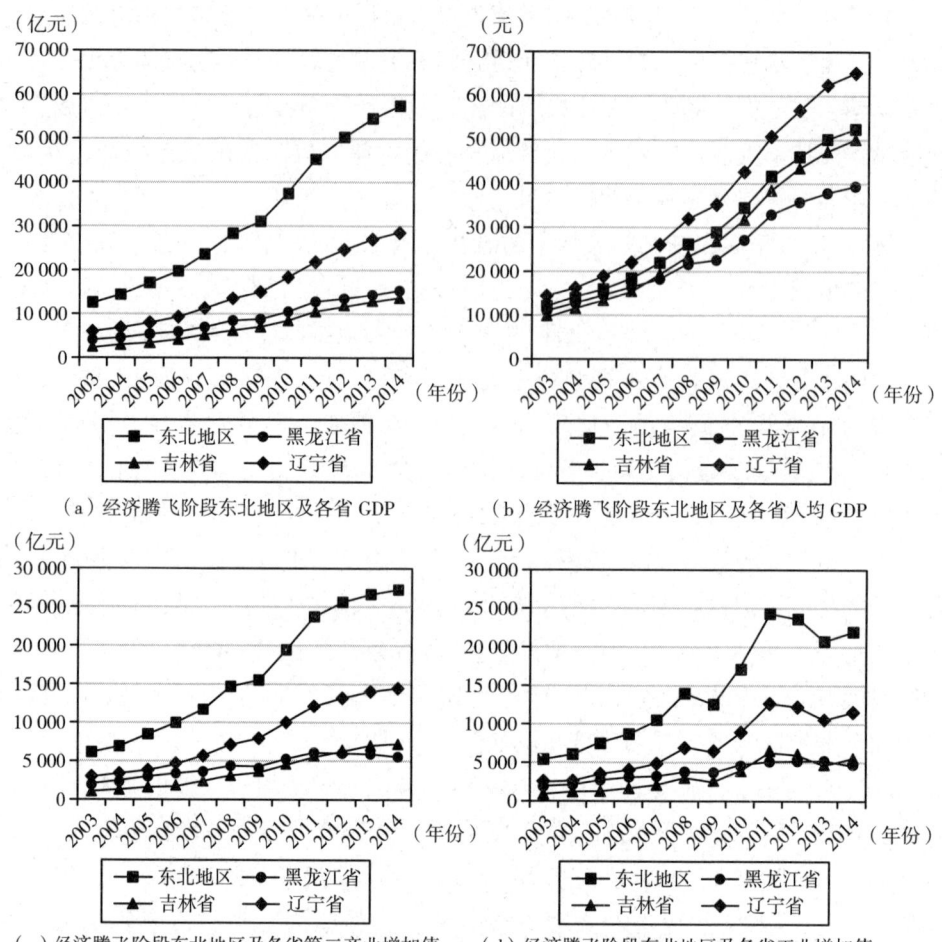

（a）经济腾飞阶段东北地区及各省 GDP　　　（b）经济腾飞阶段东北地区及各省人均 GDP

（c）经济腾飞阶段东北地区及各省第二产业增加值　（d）经济腾飞阶段东北地区及各省工业增加值

图 9 - 4　经济腾飞阶段东北地区及各省社会经济状况

资料来源：根据 2004～2015 年各省统计年鉴整理得出。

表 9 - 2　　　　　振兴东北老工业基地战略实施以来东北地区及

各省 GDP 及 GDP 增长速度

年份	东北地区		黑龙江省		吉林省		辽宁省	
	GDP（亿元）	增速（%）	GDP（亿元）	增速（%）	GDP（亿元）	增速（%）	GDP（亿元）	增速（%）
2003	12 722.02	11.17	4 057.40	11.55	2 662.08	13.35	6 002.54	9.07
2004	14 544.61	14.33	4 750.60	17.08	3 122.01	17.28	6 672.00	11.15
2005	17 181.23	18.13	5 513.70	16.06	3 620.27	15.96	8 047.26	20.61

续表

年份	东北地区		黑龙江省		吉林省		辽宁省	
	GDP（亿元）	增速（%）	GDP（亿元）	增速（%）	GDP（亿元）	增速（%）	GDP（亿元）	增速（%）
2006	19 791.44	15.19	6 211.80	12.66	4 275.12	18.09	9 304.52	15.62
2007	23 552.99	19.01	7 104.00	14.36	5 284.69	23.62	11 164.30	19.99
2008	28 409.05	20.62	8 314.37	17.04	6 426.10	21.60	13 668.58	22.43
2009	31 078.24	9.40	8 587.00	3.28	7 278.75	13.27	15 212.49	11.30
2010	37 493.45	20.64	10 368.60	20.75	8 667.58	19.08	18 457.27	21.33
2011	45 377.53	21.03	12 582.00	21.35	10 568.83	21.94	22 226.70	20.42
2012	50 477.25	11.24	13 691.58	8.82	11 939.24	12.97	24 846.43	11.79
2013	54 714.53	8.39	14 454.91	5.58	13 046.40	9.27	27 213.22	9.53
2014	57 469.10	5.03	15 039.38	4.04	13 803.14	5.80	28 626.58	5.19
2015	57 815.82	0.60	15 083.67	0.29	14 063.13	1.88	28 669.02	0.15
2016	52 409.79	-9.35	15 386.09	2.00	14 776.80	5.07	22 246.90	-22.40
2017	54 256.45	3.52	15 902.68	3.36	14 944.53	1.14	23 409.24	5.22
2018	56 751.59	4.60	16 361.62	2.89	15 074.62	0.87	25 315.35	8.14
2019	50 249.02	-11.46	13 612.70	-16.80	11 726.82	-22.21	24 909.50	-1.60

资料来源：根据2004~2019年各省统计年鉴和2019年国民经济和社会发展统计公报整理得出。

从表9-2中可以看出，在2014年以后东北地区经济增长速度明显放缓，2015年东北地区整体GDP增长速度仅为0.60%，其中黑龙江省和辽宁省增长速度还不足0.30%，而吉林省也只有1.88%，甚至在2016年东北地区经济出现了负增长的现象，负增长率高达-9.35%，辽宁省更是由于"挤水"和产业转型等原因，部分高耗能行业和企业被关停迁退，全省GDP遭受到重创，当年GDP同比增速-22.40%，但辽宁省的GDP仍然处于三省的领先地位。中华人民共和国成立初期，土地、石油、煤矿等丰裕的资源是东北地区大力发展重工业的核心优势，但自改革开放以来，如何推动过去劳动密集型经济发展转向投资拉动、高新技术驱动，促进地区产业结构调整升级，实现经济高质量发展是东北地区必须解决的问题。2016年开启了新一轮全面振兴东北老工业基地的黄金阶段，更需要吸引更多的各方面的高科技人才来共同参与经济建设，为东北地区经济发展注入新活力。从表9-3可以看出，2018年东北地区第二产业生产总值为20 466.89亿元，较上一年的20 258.91亿元增长了1.03%。相比于地区GDP可以看出，

GDP与第二产业之间具有一定的趋同效应，即东北地区GDP于2015年开始断崖式下跌与第二产业产出总值有较强的联系。分省份来看，黑龙江省与吉林省的第二产业产值及增速几乎吻合，但黑龙江省生产总值呈现出下降趋势。自2014年以来黑龙江省和吉林省第二产业产出总值连年减少，但辽宁省第二产业下降幅度最为明显，虽然第二产业经济总量从2017年开始缓慢回升，但相比2014年仍然相差巨大，下滑将近30.31%。

表 9-3　　　　　　　　振兴东北老工业基地战略实施以来东北地区及

各省第二产业增加值与工业增加值

年份	第二产业增加值（亿元）				工业增加值（亿元）			
	东北地区	黑龙江省	吉林省	辽宁省	东北地区	黑龙江省	吉林省	辽宁省
2003	6 081.96	2 084.70	1 098.37	2 898.89	5 362.36	1 874.80	930.74	2 556.82
2004	6 878.34	2 487.04	1 329.68	3 061.62	6 066.68	2 242.32	1 143.95	2 680.41
2005	8 421.91	2 971.68	1 580.83	3 869.40	7 462.04	2 696.30	1 363.94	3 401.80
2006	9 847.43	3 365.31	1 915.29	4 566.83	8 725.35	3 049.04	1 659.29	4 017.02
2007	11 715.17	3 695.58	2 475.45	5 544.14	10 390.09	3 326.90	2 170.74	4 892.45
2008	14 575.71	4 319.75	3 097.12	7 158.84	13 846.66	3 866.43	3 054.60	6 925.63
2009	15 508.98	4 060.72	3 541.92	7 906.34	12 597.53	3 549.73	2 688.37	6 359.43
2010	19 508.28	5 025.15	4 506.31	9 976.82	17 147.89	4 429.31	3 929.31	8 789.27
2011	23 726.04	5 962.41	5 611.48	12 152.15	24 316.35	5 234.64	6 424.88	12 656.83
2012	25 644.87	6 037.61	6 376.77	13 230.49	23 600.63	5 240.65	6 059.28	12 300.70
2013	26 682.58	5 846.67	6 871.96	13 963.95	20 704.83	5 090.34	4 917.95	10 696.54
2014	27 215.64	5 544.41	7 286.59	14 384.64	21 971.43	4 783.88	5 582.48	11 605.07
2015	24 845.76	4 798.08	7 005.71	13 041.97	21 436.64	4 053.77	6 112.05	11 270.82
2016	20 012.18	4 400.69	7 004.95	8 606.54	17 019.62	3 647.14	6 070.07	7 302.41
2017	20 258.91	4 060.60	6 998.51	9 199.80	16 208.20	3 332.59	6 057.29	6 818.32
2018	20 466.89	4 030.94	6 410.85	10 025.10	—	—	5 437.10	—
2019	17 281.22	3 615.20	4 134.82	9 531.20	—	—	3 347.82	—

注："—"表示未找到相关数据。

资料来源：根据2004~2019年各省统计年鉴和2019年国民经济和社会发展统计公报整理得出。

（三）经济发展结构

从表9-2和表9-3还可以看出，进入经济新常态以来，东北地区经济发展正处于"瓶颈期"状态。首先，从宏观角度考虑，我国设备制造业从 2016 年第三季度开始就已经迈入了朱格拉周期①第一轮库存期上升期，投资增速已降到历史最低点，设备更替只是时间的问题。其次，国家大力推行供给侧结构性改革政策，东北地区正处于经济发展产业结构调整的关键阶段。从东北地区自身角度来看，计划经济体制时期遗留下来的严重依赖于重工业以制造业为主导产业的经济模式在未来是不可行的。2016 年东北地区生产总值呈现出断崖式的下降态势，很大一部分原因就是因为第二产业产出总值急剧下滑。东北地区 2016 年经济总量 52 409.79 亿元，第三产业 26 781.38 亿元，比第二产业 20 012.18 亿元多出约 6 700 亿元，三次产业结构比例为 10.72%：38.18%：51.10%，其中黑龙江省第三产业占比更是高达 54.45%，这与黑龙江省独特的自然条件有关②。近些年来，黑龙江省坚持通过政策来扶持冰雪产业发展，创新性推出"大众冰雪季""玩冰乐雪总动员""赏冰乐雪"等冰雪项目，2019 年黑龙江省冰雪旅游人数和收入占比均超过 50%，随着 2022 年北京冬奥会的申办，冰雪旅游更是深受国内众多游客青睐，根据相关规划，到 2022 年，黑龙江省冰雪旅游全年收入预计突破 1 200 亿元。目前，东北地区整体而言第三产业增加值占比正在逐年攀升，已经由 2007 年的 36.44% 攀升至 2018 年的 51.10%，第二产业增加值占比缓慢下降，从 2007 年的 49.73% 缩减到 2018 年的 36.06%。东北地区第二产业正处于转型过渡状态中，第三产业不断发展。东北地区及各省 2009～2019 年三次产业结构占比分析如图 9-5 所示。

辽宁省三次产业结构演变与东北地区区域整体产业结构变化相同，近 10 年第一产业占比相对稳定，第二产业比重先缓慢上升，在 2011 年达到峰值 54.67%，然后大幅下降，跌落到 2018 年仅占 39.60%，与此同时，第三产业所占比重持续上涨，从 2009 年的 38.73% 跃升到 2018 年的 52.37%。

吉林省经济结构逐渐优化升级，第一产业占比不断下降，2017 年首次跌下 10%，2018 年占比维持稳定，第二产业比重同样呈现出先上升后下降的态势，2012 年过后连年小幅降低，2018 年仍占有 42.53% 的比例，低于 2009 年的 48.66%，与第二产业占比截然相反的是第三产业所占比重先出现降低趋势，2012 年出现低谷，仅占 34.76%，相比 2009 年降低了 3.11%，然后大幅上升，在 2018 年所占比重达 49.77%。

---

① 朱格拉周期：法国经济学家克里门特·朱格拉（Clèment Juglar）提出的市场经济存在着 9～10 年的周期波动，这种中等长度的经济周期一般被称为"朱格拉周期"。
② 根据 2017 年各省统计年鉴计算得出。

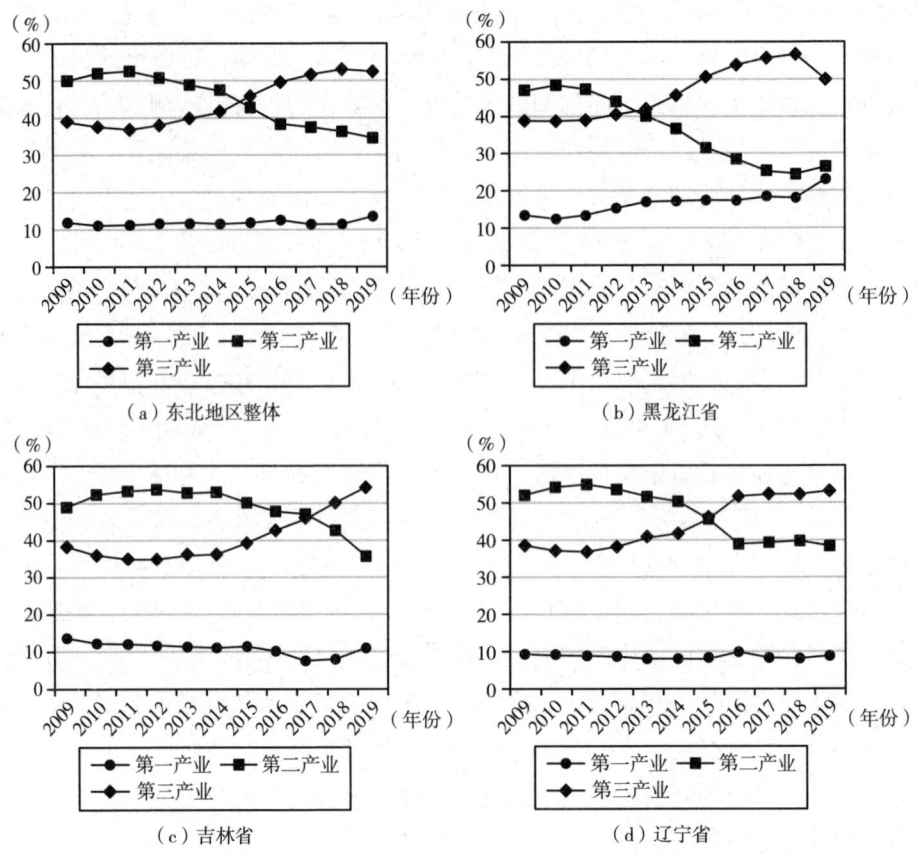

图 9-5　东北地区及各省 2009~2019 年三次产业结构占比分析

资料来源：根据各省相关统计年鉴资料整理。

　　与辽宁省和吉林省有所不同，黑龙江省第一产业占比呈现出不断上升的趋势，从 2009 年占比 13.44% 上涨到 2018 年的 18.34%，第二产业比重持续下滑，相比进入经济新常态时期以前，黑龙江省第二产业比重严重缩水，2018 年占比 24.64%，只有 2009 年 47.29% 的近一半而已，这与黑龙江省政府在 2014 年开始忍痛坚决贯彻经济结构转型升级和经济"挤水分"有关。经过经济转型阵痛期过后，近几年占比相对稳定。黑龙江省第三产业所占比重呈现出持续上涨，但涨幅由慢及快，近几年又相对稳定的态势，2015 年增长率为近十年之最，较上一年增长近 5%，第三产业所占比重达到 50.73%，此后几年增长率逐年降低，但占比仍在上升，2018 年达 57.02%，为历年最高。

　　从产业结构占比来看，东北地区正逐步实现产业结构优化，第二产业占比和劳动力比重逐渐转向以服务业为主的第三产业，这也符合配第一克拉克定理和库兹涅茨定理。虽然黑龙江省 2018 年第一产业占比高达 18.34%，但这与黑龙江省作为国家重要的粮食安全基地有关，2018 年其种植业在第一产业中所占比重高达 69.70%。

二、东北地区工业经济发展现状

（一）工业经济现状

中华人民共和国成立之后，受当时特定的社会历史条件及国际政治经济背景所影响，中央政府确立了以重工业优先发展为中心的经济发展方式。得益于历史基础、地理和地缘位置等诸多优越因素，东北地区成为我国那个时期工业整体布局的重点，"一五"期间东北地区接受了国家重点建设项目共计 56 个，占全部投资总额的 37.30%，其中仅吉林一省就占据了接近 25% 的份额。改革开放和市场经济体制改革以来，东北地区第一产业稳步发展，第三产业增速迅猛，而第二产业却面临连年萎缩的困境，工业建设在内外矛盾交织的情况下受到严重影响。2003 年以来，东北地区经济建设和工业发展速度的确得到飞速提升，但只是相对缩小了与东部沿海省市的差距。进入经济新常态时期，东北地区再陷困境之中。东北地区及各省自振兴东北老工业基地战略实施以来工业化率及工业对经济拉动率如图 9 – 6 所示。由表 9 – 2 和表 9 – 3 可见，东北地区工业增加值在 2003 年为 5 362.36 亿元，2014 年增长到 21 971.43 亿元，增长了约 4.10 倍，地区生产总值从 2003 年的 12 722.02 亿元增长到 2014 年的 57 469.10 亿元，增长了将近 4.52 倍。但 2017 年东北地区累计实现工业总增加值仅 16 208.20 亿元，2014 年以来连年负增长，较 2014 年下降 26.23%。东北地区工业对经济拉动率呈现出较大的波动，2009 年受全球金融危机的影响，东北地区工业经济受到严重的冲击，工业对经济拉动率从 2008 年的 9.66% 跌至 4.99%，而且这种下滑趋势直到 2017 年才有所好转，2016 年工业对经济拉动率为 – 2.95%，2017 年为 1.08%。

黑龙江省 2018 年 GDP 为 16 361.62 亿元，工业总产值为 3 263.1 亿元，工业化率为东北地区最低，仅 19.94%；三次产业比重为 18.34：24.64：57.02。黑龙江省工业增加值比重变化趋势与第二产业相同，从 2003 年的 46.21% 开始缓慢上升，到 2006 年达到峰值 49.08%，之后不断下降，在 2018 年仅为 19.94%。2019 年规模以上工业增加值相比上一年增长幅度达到 2.80%。[①]"十三五"以来，节能

---

① 数据引自 2019 年黑龙江省国民经济和社会发展统计公报。

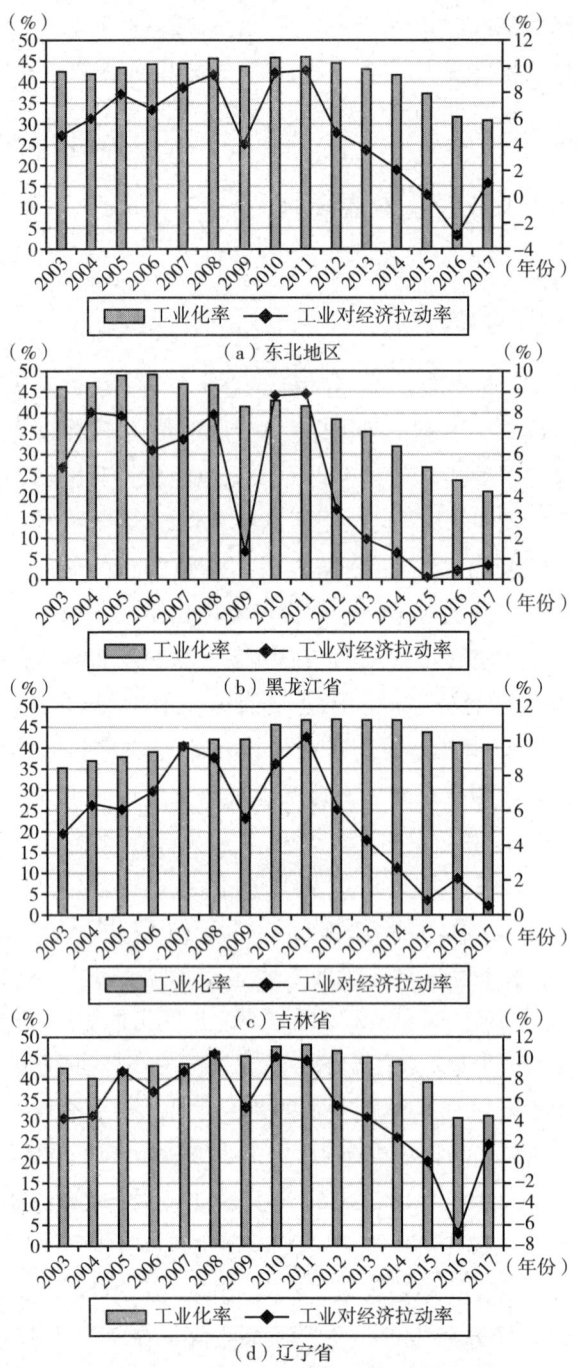

图 9 - 6　东北地区及各省自振兴东北老工业基地战略实施以来

工业化率及工业对经济拉动率分析

资料来源：根据各省统计年鉴资料整理。

减排、工业绿色发展工作成为黑龙江省的发展重点①。

　　吉林省 2018 年工业经济总量为 5437.11 亿元，其中，重工业增长 6.10%；八大重点产业②增加值同比增长 6.10%。从图 9-5（c）可以看出，吉林省三次产业结构呈现出逐年变化的趋势。2018 年三次产业结构比重为 7.70：42.53：49.77。总体上看，吉林省工业增加值比重变化趋势与第二产业相似，从 2003 年的 34.96% 上升到 2012 年的 46.76%，之后逐年缓慢下降，在 2017 年到达 40.53%。近年来，吉林省工业增加值比重虽有所回落，但仍然较大。在工业对地区生产总值贡献率不断下降的形势下，积极调整工业内部结构，提高工业生产效率，是吉林省工业振兴建设的重要内容。

　　2018 年，辽宁省 GDP 为 25 315.35 亿元，同比增速 8.14%，工业增速位居全国前列，成为拉动经济增长的主要动力。规模以上工业同比增长 9.80%，其中，制造业和装备制造业增幅最大，分别为 10.90% 和 9.40%。工业化率同第二产业增加值比重变化趋势基本一致，先上升后下降，都在 2011 年达到最高值 48.12%，此后连年下降，2017 年仅 31.20%。辽宁省工业已由高速发展转入平稳发展阶段，航空航天装备、新能源汽车产业、海洋工程装备等高端装备制造业发展势头明显。

（二）工业内部结构

　　东北地区是我国有名的重工业基地，一度维系着国家工业经济命脉，长期以来，东北地区形成了以机械制造、汽车制造、石油加工、钢铁工业等为主的重工业体系，基本形成了以沈阳—齐齐哈尔为中心的重型机械生产基地，以长春—大连为中心的运输机械制造基地，以及以哈尔滨为中心的动力机械基地。

　　农产品精深加工、石油化工产业、汽车制造、电子等是黑龙江省的主要工业，规模以上工业③增加值相比 2018 年增长 2.8%，装备工业、高技术制造业和食品工业增加值增长幅度为各行业之最，分别为 11.0%、10.2% 和 8.7%④。2019 年黑龙江省主要工业产品年产量及增长情况如表 9-4 所示。

---

① 左宗鑫，《搭建平台　黑龙江省全力推进"工业绿色发展"》，中国工业新闻网，2019 年 12 月 24 日。
② 吉林省八大重点产业包括汽车制造、石油化工、食品、信息、医药、冶金建设、能源、纺织。
③ 规模以上工业统计范围为年主营业务收入 2 000 万元及以上的工业法人单位。
④ 数据引自 2019 年黑龙江省国民经济和社会发展统计公报。

表 9 - 4　　　　　2019 年黑龙江省主要工业产品年产量及增长情况

产品名称	产量	增幅 (%)
原煤 (万吨)	5 195.0	- 11.4
原油 (万吨)	3 110.0	- 3.5
天然气 (亿立方米)	45.7	4.6
原油加工量 (万吨)	1 489.6	- 1.2
汽油 (万吨)	521.7	1.8
柴油 (万吨)	340.4	- 17.5
焦炭 (万吨)	1 075.9	18.7
发电量 (亿千瓦小时)	1 057.2	4.3
婴幼儿配方乳粉 (万吨)	18.9	- 0.6
生物乙醇 (万吨)	30.1	0.7
饲料 (万吨)	504.1	20.8
卷烟 (亿支)	382.5	0.8
亚麻布 (含亚麻≥55%) (万米)	2 183.0	29.2
化学药品原药 (吨)	2 811.2	105.7
水泥 (万吨)	2 148.0	5.6
平板玻璃 (万重量箱)	402.7	2.1
集成电路 (芯片) (万块)	33 925.0	16.6
金属切削机床 (台)	421.0	20.3
纸制品 (万吨)	39.5	- 53.8
家具 (万件)	205.8	- 2.0
机制纸及纸板 (万吨)	34.4	- 15.7
乙烯 (万吨)	128.8	21.8
合成氨 (万吨)	50.6	26.3
化肥 (万吨)	46.6	31.1
初级形态塑料 (万吨)	236.3	17.1
橡胶轮胎外胎 (万条)	427.1	- 7.2
硅酸盐水泥熟料 (万吨)	1 131.7	28.2
石墨及碳素制品 (万吨)	40.2	18.6
生铁 (万吨)	800.7	15.1

续表

产品名称	产量	增幅（%）
粗钢（万吨）	896.1	15.7
钢材（万吨）	782.0	38.8
发动机（万千瓦）	2 382.6	32.7
汽车（辆）	188 944.0	16.0
发电机组（万千瓦）	1 108.4	−22.0
锂离子电池（万只）	546.8	−38.3
汽车仪器仪表（万台）	320.4	−9.5

资料来源：黑龙江省统计局，2019 年黑龙江省国民经济和社会发展统计公报。

　　吉林省工业主要是以汽车制造、石油化工产业、钢铁、水泥等行业为主，在农产品加工、光电子信息、医药、冶金建材、轻工纺织等行业独具优势。2019年吉林省规模以上工业增加值增幅与全年全省全部工业增加值相同，为3.1%。全年规模以上工业中，重点产业依旧保持着持续增长的态势，食品产业稳定发展，信息产业优势扩大，实现高速增长，医药产业保持着高水平增长，冶金建材产业、纺织产业等产业增加值增速平稳。六大高耗能行业①增加值增长5.7%，装备制造业增长1.9%，高技术制造业②下降1.9%③。2019年吉林省主要工业产品年产量及增长情况如表9−5所示。

表 9 − 5　　　　　　　　2019 年吉林省主要工业产品年产量及增长情况

产品名称	产量	增幅（%）
原油（万吨）	385.7	−0.4
原煤（万吨）	1 255.6	−22.5
饲料（万吨）	563.1	−6.3
纸制品（万吨）	36.2	−7.0
布（万米）	3 279.4	0.1

----

　　①　六大高耗能行业包括：（1）石油加工、炼焦和核燃料加工业；（2）化学原料和化学制品制造业；（3）非金属矿物制品业；（4）黑色金属冶炼和压延加工业；（5）有色金属冶炼和压延加工业；（6）电力、热力生产和供应业。
　　②　高技术产业包括：（1）医药制造业，航空、航天器及设备制造业；（2）电子及通信设备制造业；（3）计算机及办公设备制造业；（4）医疗仪器设备及仪器仪表制造业；（5）信息化学品制造业。
　　③　数据引自 2019 年吉林省国民经济和社会发展统计公报。

续表

产品名称	产量	增幅（%）
服装（亿件）	0.5	−2.9
硫酸（折100%）（万吨）	86.0	7.8
乙烯（万吨）	86.7	13.1
合成氨（无水氨）（万吨）	47.0	1.7
农用氮、磷、钾化学肥料（万吨）	29.0	22.2
合成橡胶（万吨）	16.5	24.8
化学药品原药（万吨）	2.0	−1.5
中成药（万吨）	8.2	−25.0
化学纤维（万吨）	32.2	−13.8
水泥（万吨）	1 801.8	24.2
生铁（万吨）	1 257.1	8.2
粗钢（万吨）	1 356.6	12.6
钢材（万吨）	1 544.2	19.1
铁合金（万吨）	2.0	−75.6
十种有色金属（万吨）	13.1	3.8
黄金（万千克）	0.4	−31.9
汽车（万辆）	288.9	4.4
其中：基本型乘用车（万辆）	158.3	−12.7
动车组（辆）	622.0	−23.8
城市轨道交通（辆）	2354.0	16.0
发电量（亿千瓦时）	946.4	8.9

资料来源：吉林省统计局，2019 年吉林省国民经济和社会发展统计公报。

　　辽宁省工业主要是以装备制造业、冶金建材、石化工业、农产品加工、船舶工业、汽车制造等行业为主，与 2018 年相比，2019 年辽宁省规模以上工业增加值增长 6.70%，高技术制造业增速为 18.7%；装备制造业在全部规模以上工业中所占比重为 29.7%，计算机、通信和其他电子设备制造业同比增幅高达 25.3%，为各部门之最①。2019 年辽宁省主要工业产品年产量及增长情况如表 9 - 6 所示。

———————

　　① 数据引自 2019 年辽宁省国民经济和社会发展统计公报。

表 9 - 6　　　　　　　　**2019 年辽宁省主要工业产品产量及增长情况**

产品名称	产量	增幅（%）
生铁（万吨）	6 855.6	3.4
粗钢（万吨）	7 361.9	4.5
钢材（万吨）	7 254.4	4.3
原油加工量（万吨）	9 871.2	20.7
汽油（万吨）	1 789.1	12.3
煤油（万吨）	768.9	25.6
十种有色金属（万吨）	127.8	11.5
乙烯（万吨）	187.0	6.2
平板玻璃（万重量箱）	5 055.5	11.4
智能手机（万台）	46.1	1.0
发电量（亿千瓦小时）	1996.0	3.2
其中：核能	327.3	8.5
汽车（万辆）	79.2	-16.6
其中：新能源汽车（万辆）	3.4	57.0
服务器（万台）	9.0	43.9
原煤（万吨）	3 292.0	-0.8
数字激光音、视盘机（万台）	189.0	4.6
集成电路（亿块）	5.0	170.0

资料来源：辽宁省统计局，2019 年辽宁省国民经济和社会发展统计公报。

三、东北地区能源消费现状

从东北地区能源消费结构角度考虑，各省能源消费情况不一。根据 2016 年《黑龙江省统计年鉴》《吉林省统计年鉴》《辽宁省统计年鉴》数据显示，东北地区 2016 年全年能源消费总量达到了 52 444.55 万吨标准煤[①]，约占全国能源消费总量的 12.03%，其能源消费组成部分主要为煤炭、石油、水电或风电等，从各省市能源消费情况来看，其中，辽宁省、黑龙江省和吉林省的能源消费总量分别为 28 273.32 万吨标准煤、14 604.69 万吨标准煤和 9 566.545 万吨标准煤。根据

---

① 本部分标准煤数据均是依照 IPCC2006 计算所得。

能源最终消费情况分析，东北地区的一次能源消耗主要集中在第二产业，主要耗能部门为工业、交通运输等。电力消费位居第三的位置，主要用于生活用电、生产供应方向。虽然在能源消费结构上相似，但各省能源消费情况存在着较大差距（见表9－7）。

表9－7　　　2016年东北地区及各省能源消费（标准煤）情况　　　单位：万吨

指标	东北地区	黑龙江省	吉林省	辽宁省
煤炭	28 854.10	10 024.76	6 726.45	12 102.88
焦炭	3 550.32	178.92	463.94	2 907.46
原油	14 741.31	3 157.81	1 501.87	10 081.63
汽油	1 884.97	465.23	262.91	1 156.83
煤油	202.99	115.59	30.03	57.37
柴油	2 451.99	481.34	500.85	1 469.81
燃料油	625.00	134.82	54.36	435.82
天然气	133.87	46.22	26.13	61.52
总计	52 444.55	14 604.69	9 566.55	28 273.32

注：由于缺少黑龙江省2017～2019年各能源品种消费的数据，此处仅列出2016年各省能源消费情况。
资料来源：根据《黑龙江省统计年鉴（2018）》《吉林省统计年鉴（2018）》《辽宁省统计年鉴（2019）》整理。

黑龙江省2016年消费能源14 604.69万吨标准煤，其中，煤炭消费量10 024.76万吨，原油消费量3 175.81万吨，电力消费量896.62万千瓦小时，柴油消费481.34万吨，汽油消费465.23万吨，焦炭消费178.92万吨。黑龙江省清洁能源储量丰富，统计显示，截至11月底，2019年清洁能源发电量占总量的17.3%，弃风电量[①]同比减少57.5%。[②]

辽宁省2016年能源消费总量最高，达到了28 273.32万吨标准煤，同时辽宁省清洁能源比例最高，风力发电较为发达，其电力消费也处于较为发达阶段。2018年辽宁省规模以上工业消费1.3亿吨标准煤，其中，六大高耗能行业增长6.8%，新能源综合利用率99.64%，新能源装机容量1 164.12万千瓦，同比增长10.99%，占全网总发电装机容量的21.85%，同比提升1.51个百分点。其

① 弃风电量指受电网传输通道或安全运行需要等因素影响，电场可发而未能发出的电量。
② 资料来源：国网黑龙江省电力有限公司，《国网黑龙江电力推动清洁能源消纳　助力打赢"蓝天保卫战"》，2019年11月29日。

中，风电装机容量 817.12 万千瓦，同比增长 10.19%；光伏发电装机容量 322.27 万千瓦，同比增长 10.67%。[①]

吉林省 2016 年能源消费总量较低，仅 9 566.545 万吨标准煤，但一次电力能源消费占比最高，达到 6.5%。2018 年全省消耗能源折合标准煤 8 158.04 万吨，相比 2017 年增加了 142.79 万吨。全省用电量 750.57 亿千瓦时，增长 6.8%。清洁能源占比 9.5%。全省万元地区生产总值能耗下降 2.6%。万元规模以上工业增加值能耗下降 2.6%。煤炭、原油、电力位居能源消费前三位，另外焦炭、柴油、汽油 2016 年消费量都超过了 150 万吨。

通过对东北三省化石能源消费数据进行分析可以看出，煤炭消费量一直是能源总消费量中占比最大的部分，虽然近年来所占比重有所降低，但 2016 年的占比仍然超过了 55%。煤炭和焦炭的消费量占比也略有降低，相反，电力消费量占比逐年小幅增长，然而东北地区能源结构整体几乎没有变化。煤炭仍然是各省的主要消费能源，2016 年在吉林省占比超过 70%，辽宁省得益于清洁能源技术水平较高，煤炭所占比重仅 42.81%；东北地区原油消费量占比超过 28%，其中辽宁省超过 35%，吉林省占比仅 15.70%；东北地区整体焦炭消费量占比约为 6.77%，而汽油、煤油、柴油、燃料油和天然气的占比均在 5% 以下。这说明东北地区的能源消费以煤炭为主，能源结构仍有很大的调整空间。

此外，由于历史因素和政策因素，东北地区形成了以第二产业为主的经济形态，这也导致东北地区能源结构呈现出目前的状况。近年来，随着改革不断深化，加上振兴东北老工业基地种种政策的倾斜和扶持，东北地区社会状况有所好转，但是在经济和技术方面仍然远远落后于东部沿海地区，因而东北地区在能源结构转型上迟迟难见成效。由于能源结构紧密关系到碳排放量的变化，因而研究能源结构对于预测东北地区碳排放的达峰时间和路径具有十分重要的意义。经计算，2016 年东北地区三产能源消费比重为 3.0%、60% 和 25%[②]，第二产业能源消费占比稍有下降，第三产业能源消费量占比则有所增加。这是因为我国，包括东北地区在内，在迈入新时代以来，积极发展创新型产业、大力扶持旅游业和服务业等高附加值清洁绿色产业。一定程度上的政策倾斜使东北地区第三产业得到快速发展，而东北地区能源消费总量则处于短期波动的状态。

---

①　魏霞，刘子健，李伟．辽宁：储能系统让电网最大程度消纳风电，国际新能源网，2020 年 2 月 5 日．
②　根据统计年鉴各行业能源消费总量整理所得。

四、东北地区碳排放核算及现状

　　通过参考碳排放相关文献可知，一般来说，在进行地区碳排放量测算时，由于工艺过程碳排放数据获取问题，以及我国主要消费能源是传统化石能源，因而主要利用化石能源燃烧产生的碳排放量作为估算地区的碳排放总量。本部分数据选自历年《黑龙江省统计年鉴》《吉林省统计年鉴》《辽宁省统计年鉴》《2006年 IPCC 国家温室气体清单指南》。其中，人口总数、GDP 总额、人均 GDP、能源消费总量和产业结构是通过各省统计年鉴中的相关数据计算得到，能源效率则表征着单位 GDP 耗能。碳排放量的具体计算公式如下：

$$C = C_1 + C_2 \tag{9-1}$$

$$C_1 = \sum_{j=1}^{n} (E_j \times NCV_j \times CC_j \times COF_j \times 44/12) \tag{9-2}$$

$$C_2 = QE \times DE \times EE \tag{9-3}$$

其中，C 表示碳排放总量，C_1 表示各种能源燃料消耗所直接排放的碳，C_2 则表示间接碳排放。j 代表 8 种所选取的能源，分别为原油、原煤、焦炭、汽油、煤油、柴油、燃料油和天然气，E_j 表示东北地区第 j 种能源的消费量；NCV_j 代表第 j 种能源的净发热值[①]；CC_j 表示第 j 种能源的缺省碳含量[②]；COF_j 为碳氧化因子；QE 表示电力总消耗量；DE 表示电力碳排放系数，本书取 0.7173，由经验数据平均值得到；EE 表示供电煤耗，供电煤耗通过国家电网公布的数据获得[③]。通过上述计算我们得到 1997~2016 年间的因变量和各项自变量的数据，根据所得数据初步分析我国东北地区三省碳排放量的增减情况以及现状。通过由碳排放量数据所绘制的图 9-7（虚线为趋势线）可以看出，自 1998 年以来，碳排放量整体上呈现增加状态，虽然 2012~2016 年略微下降，但整体上仍未改变其增长趋势。

　　进一步计算每年的碳排放量增长比率，由图 9-8（虚线为趋势线）可以看出，1998~2016 年间碳排放量的增长比率每年都有所波动，2005 年最高，但从整体趋势上看，东北地区碳排放总量基本处于一种下降的趋势。本书认为最主要

---

　　① 总发热值（gross calorific value，GCV）或称高位发热值（higher heating value，HHV）是实验室条件下的发热值净；净发热值（net calorific value，NCV）或称低位发热值（lower heating value，LHV）是锅炉厂的有用发热值。二者的差别是产生的水蒸气的潜在热能，本书用净发热值计算相关指标。

　　② 缺省碳含量是一个默认值，每种能源的值可能不同，数据来源于《2006 年 IPCC 国家温室气体清单指南》。

　　③ 由于同一年内全国各省的供电煤耗差别不会很大，且通过数据来看，各年的变化也不十分明显，所以本书认为用全国平均的供电煤耗作为相关数据的替代具有一定的合理性和可行性。

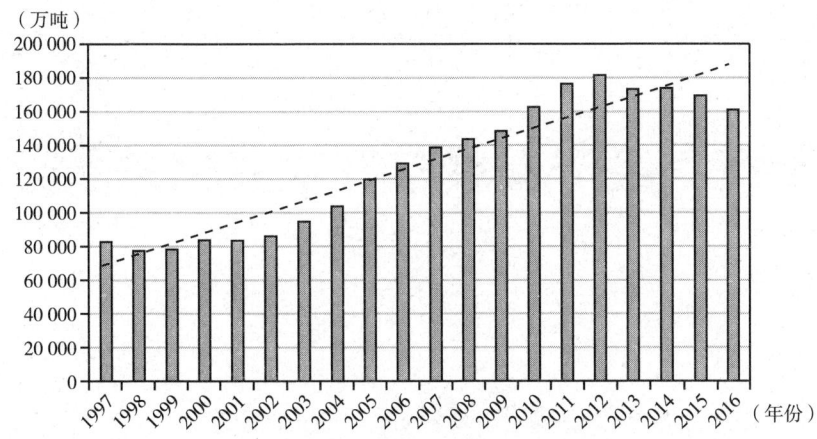

图 9 – 7　东北地区 1997～2016 年的碳排放量

资料来源：根据统计年鉴相关资料整理得到。

的原因是由于近年来东北地区经济不景气，第二产业在很大程度上受到影响，能源消费量大幅度减少，这就导致了碳排放总量短期波动。此外，随着国家生态环境政策的大力施行，东北地区越发重视环境治理和保护问题也存在着一定程度的积极作用。但是由经济不景气造成的碳排放总量降低难以得到长期持续，随着经济复苏及长期以来高度依赖于工业技术和能源消费，东北地区的经济发展将继续导致碳排放增长。本书将在后文中通过实证对东北地区的碳排放情况进行达峰预测，并分析东北地区碳排放达峰路径。

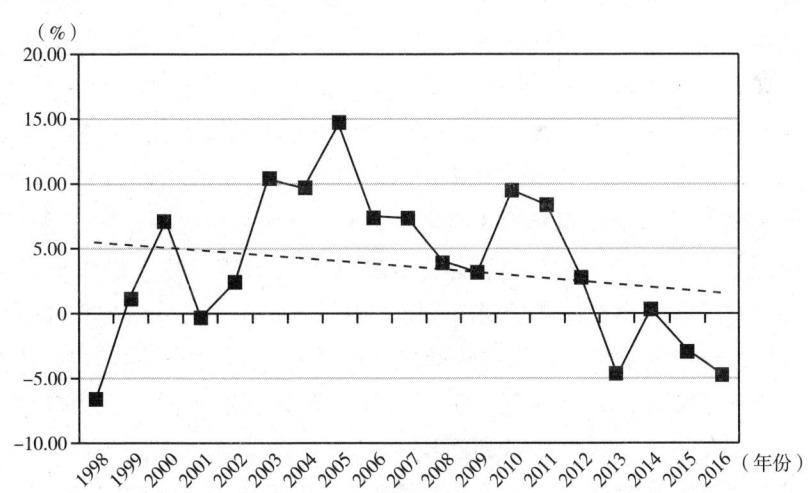

图 9 – 8　东北地区碳排放量 1998～2016 年的增长率

资料来源：根据统计年鉴相关资料整理得到。

第十章　经济发展与气候变化关系分析

一、经济发展对气候变化的影响

工业经济是一个国家或地区的国民经济命脉，工业部门的绿色发展，是实现经济现代化的必然途径。一般认为，经济发展水平提高，碳排放量先增加后减少，总体上呈倒"U"型。本章将从产业结构效应、经济规模效应、技术效应、环境需求、政府作用和市场机制六个方面来分析工业经济发展对气候变化的影响机制。

第一，从产业结构效应角度分析，在其他因素不变的情况下，产业结构的变化，尤其是第一产业比重逐渐向第二产业转移，生产要素从低能源消费、低污染产出的农业部门逐渐转向高能源消费、高污染排放的工业部门，能源消费比重也不断升高，从而引致能源消费的增加与碳排放量大量增加。配第—克拉克定理和库兹涅茨定理认为，产业结构逐渐从第二产业向第三产业转移，劳动力不断转移，第二产业和工业部门成为集中大量劳动力的部门。相反地，第二产业扩张，使交易成本逐渐降低，产业结构不断升级；而聚集效应和结构效应相应会提升第二产业中的工业占比。据统计，2018 年吉林省第二产业消耗了近 90% 的煤品类燃料，近 60% 的油品类燃料和近 70% 的天然气①。而煤炭的碳排放系数在所有传统化石能源中位居首位。吉林省碳排放总量不断上升，其中，第二产业增速最快。但吉林省工业碳排放强度呈现出下降的态势，因而碳排放量比重降低，单位产出碳排放量与污染物排放也随之降低。由此可知，在经济发展初期，产业结构效应会带来碳排放量的增加，但产业结构优化能够有效降低地区碳排放量。所以，产业结构变化，能够影响气候变化。

第二，经济规模效应方面，经济规模扩大，生产要素投入量增加，平均成本

---

① 数据引自《2019 年吉林省统计年鉴》。

降低，从而带来经济效益的提升，但伴随着经济规模的扩大，化石能源大量燃烧，这使得温室气体排放量剧增，此外，污染物这一副产品排放也大量增加。为满足大量城市人口的生活需求，城市基础设施建设必将加大投资力度，进而带来大量碳排放。相反地，投资增加也会使经济规模得到扩张，又会增加生态环境中的碳排放量。因此经济规模的不断扩大会增加碳排放量。所以，在经济发展过程中，规模效应会引起碳排放量不断增加，从而引起气候变化。

第三，技术效应方面，一般而言，随着经济不断发展，技术水平不断提高，从而劳动生产率和能源利用效率会得到提高，进而单位产出能源消费量降低，单位产出碳排放量和污染排放量随之降低，因而在经济发展过程中能源消费和碳排放量都会出现相应的降低。另外，随着风能、核能等清洁能源技术不断进步与传统化石能源循环利用技术的提高，碳排放量和污染排放量逐渐降低。因而技术水平不断进步，能够有效改善气候变化。

第四，人们在满足基本物质生活需求条件下，对环境质量的需求会随着收入水平的提高而增加，进而会自发地做出保护环境的选择，从经济学角度来说，当社会成员都热衷于做出有益于社会的正外部性行为时，能够极大程度上减少二氧化碳的排放量，从而对气候变化具有正向效应。

第五，从政府作用角度分析，随着经济不断发展，政府政策和法律法规得到逐渐完善，对环境污染问题越发重视，进而改善环境质量，有利于正向影响气候变化。目前我国政府已通过实施碳排放税、建设健全碳排放权交易市场、限额控制碳排放等政策控制碳排放量，并在北京、上海、广东等经济水平领先省份取得了一定的成效。

第六，从市场机制角度分析，当社会经济水平发展到一定程度，碳排放问题能够内部化成为企业内部成本，即社会成员更加重视生产过程中的碳排放问题，将外生成本、碳排放等内生化。并通过市场机制作用，对自身消耗的资源，使用的技术以及排放污染源进行相应改进，进而控制碳排放，缓解气候变化问题。

碳排放受多种因素的共同作用，其中，经济规模效应和产业结构效应中的快速工业化在经济发展初期能够起到较大的作用，同时也会带来碳排放量的大量增加。随着经济水平不断提高，第三产业成为主导产业，技术水平逐渐提高，人们不再仅满足于物质需求，生态环境质量需求也不断提高，政府对生态环境的作用和市场机制的不断完善等多种因素对碳减排的促进作用不断增强，进而正向作用于气候变化问题。总体上来说，经济发展与气候质量呈现倒"U"型的曲线关系。

二、气候变化对经济发展的影响

东北地区近些年来的经济发展情况明显好转，但与此同时，化石能源被大量消耗、生态环境被严重破坏。本章将从外部性影响的角度来分析气候变化，主要是针对碳排放对经济发展的影响机制。

外部性，又称外部影响，是指消费者或生产者的行为对其他成员的福利产生有利的或有害的影响，而造成影响的社会成员并没有得到补偿或承担相应的成本[①]，这使得市场经济无法使经济回到帕累托最佳状态。因而，政府就应承担起宏观调控的功能，以辅助市场经济回归正常秩序。庇古认为，当企业经济行为对社会环境和其他成员造成了负面影响，即经济社会存在外部不经济行为时，政府应当向企业征税，反之政府则应向企业提供补贴，这就是庇古税。由于外部性的存在，使得价格供求关系难以发挥，社会秩序无法正常运转，从而市场价格不能准确反映自然环境的价值。

科斯（Coase）于1960年指出产权是引起环境问题的根本原因，提出了"科斯定理"[②]：在交易费用为零或很小时，经济各主体可以通过自愿协商解决经济外部性问题和经济非效率，实现帕累托最优。此时，"庇古税"将不再成立，所以产权是交易的前提，一旦产权不明确，则必然导致效率损失。科斯认为解决环境问题只要明确产权，在自由交易协商的条件下，同样可以实现帕累托最优状态，从而明确产权就能够取代庇古税。哈丁（Hardin）指出"公地悲剧"问题之所以存在，就是因为产权所属不明确，经济各主体从自身利益最大化出发，导致过度消费，最终造成资源环境的滥用和破坏。

碳排放具备较强的外部性，无法依靠市场机制的自动调节实现碳减排的目标，因而政府辅助作用是十分必要的，政府可以通过实施一系列经济手段，例如征收能源消费税、碳排放税等对其进行调节。由于外部性的存在，这使得在推动经济发展时，存在碳排放行为的生产者必须为其对社会环境造成外部负影响付出相应的成本，这也就直接导致生产者的生产成本大幅上升，从而产出就会下降，生产规模萎缩，经济发展受阻，最终间接导致碳排放量减少。因而，气候变化对经济发展的影响具有双重性：从短期来看，政府政策的辅助作用对经济发展的抑制程度超过对环境的改善效果，但是从长期来看，更加有利于实现经济持续健康

---

① ［英］A. C. 庇古著. 朱泱、张胜纪和吴良健译. 福利经济学［M］. 北京：商务印书馆，2006.

② R. H. Coase. The problem of social cost［J］. Journal of Law and Economics，1960（3）：1 – 44.

发展。

东北地区尚处于工业化中期，各省迫切需要寻找一条推进工业经济健康发展的可持续道路，一方面需要着力推进工业经济结构转型和升级、提升经济增长效率，另一方面需要积极制定相关的节能减排政策，降低资源浪费率，以实现东北地区经济社会全面、协调、可持续发展。

第十一章 东北老工业基地碳排放影响因素与峰值预测

一、东北地区碳排放影响因素分解分析

（一）LMDI 分解模型

分解碳排放影响因素的方法有很多。洪明华（Ang Beng Wah）等（1998）通过对多种分解方法进行了归纳与分析，指出运用对数平均迪氏指数（logarithmic mean divisa index，LMDI）分解法进行因素分解得到的结果式中不含有残差项，因此在进行碳排放影响因素分解时得到的整体预测结果可根据各个因素求和得到，结果可以在乘法或加法式中相互转化，最终分解结果更为准确。[①] 所以，本章选用 LMDI 分解法，根据狄维西亚（Divisia）分解法，碳排放总量 S 分解为 n 个部分碳排放量（$S1$，$S2$，…，Sn），利用加法式得到以下等式：

$$S = \sum_{i=1}^{n} Si \sum_{i=1}^{n} \frac{Si}{Ei} \times \frac{Ei}{E} \times \frac{E}{G} \times \frac{G}{P} \times P$$

$$= \sum_{i=1}^{n} si \times ei \times gi \times a \times p \tag{11-1}$$

式（11-1）中 P 表示人口总量、G 表示国民生产总值（GDP）、Ei 表示第 i 种能源的消耗量、E 表示能源消耗总量；si、ei、gi、a 和 p 分别为能源碳排放系数、能源消费结构、单位 GDP 能耗、人均 GDP 数值和人口规模。

根据式（11-1）的分解，可知碳排放总量（C）是由以下五模块——单位能源碳排放系数模块（Cs）、能源消耗强度模块（Ce）、能源结构模块（Cg）、经济水平模块（Ca）以及人口规模模块（Cp）组成，即 LMDI 分解基本公式为：

---

① Ang B W, Zhang F Q, Choi K H. Factorizing changes in energy and environmental indicators through decomposition [J]. Energy, 1998, 23 (6)：489-495.

$$\Delta C = \Delta Cs + \Delta Ce + \Delta Cg + \Delta Ca + \Delta Cp \qquad (11-2)$$

假设现期总量为 C_t、基期为 C_0，则时间段内的变化量为：

$$\Delta C = C_t - C_0 = \Delta s + \Delta g + \Delta e + \Delta a + \Delta p \qquad (11-3)$$

式（11-3）中的 s 为能源消费碳排放变动系数、g 为能源消耗强度变动、e 为能源结构变动、a 代表经济发展水平变动、p 代表人口规模变动。根据以上分解变量建立如下 LMDI 模型：

$$\Delta Ci = \sum (Ci^t - Ci^{t-1})/(\ln Ci^t - \ln Ci^{t-1}) \times \ln(X^t/X^{t-1}) \qquad (11-4)$$

其中，X 表示以上的任一元素。

根据式（11-4），因素分解的最终结果如下所示：

$$\Delta Cs = \sum (Cs^t - Cs^{t-1})/(\ln Cs^t - \ln Cs^{t-1}) \times \ln(s^t/s^{t-1}) \qquad (11-5)$$

其他变量分解形式 ΔCe、ΔCg、ΔCa、ΔCp 与能源消费模块 ΔCs 相同。

通过式（11-5），可以计算出各个模块在固定时间段内的碳排放数值，即上述变量在每一年的碳排放量，如果对各年的碳排放量逐年进行累积，便可以得出在固定时间段内各影响因素的碳排放量，以便进行比对。碳排放累积效应如下：

$$(\Delta Cs)_{0,t} = (\Delta Cs)_{0,1} + (\Delta Cs)_{1,2} + \cdots + (\Delta Cs)_{t-1,t} \qquad (11-6)$$

由式（11-6）拓展可得各影响因素的贡献程度：

$$\mu_s^t = \left(\frac{\Delta Cs}{\Delta C}\right)_{0,t} \qquad \mu_s^g = \left(\frac{\Delta Cg}{\Delta C}\right)_{0,t} \qquad (11-7)$$

其他碳排放影响因素的贡献程度形式 μ_e^t、μ_a^t、μ_p^t 与能源消费 μ_s^t 相同。

在式（11-7）中，μ_s^t 代表从基期开始计算到 t 期时的能源消费碳排放系数贡献率。μ_e^t、μ_a^t、μ_g^t、μ_p^t 分别代表能源消费结构贡献率、能源效率贡献率、经济发展水平贡献率以及人口规模贡献率。选取数据[①]为 1997~2016 年东北三省地区人口总量、地区生产总值、能源消费总量、第二产业产值等。

（二）模型分解结果分析

根据上述 LMDI 分解法的公式，结合本章的研究内容，将影响碳排放的因素分为以下四个模块，即能源结构变动模块（g）、经济发展水平变动模块（a）、人口规模变动模块（p）和能源强度变动模块（e），碳排放年变化量情况用 Δc 表示。表 11-1 和表 11-2 分别为 1998~2015 年间各因素对东北地区碳排放的影响效应和累积效应，在大多数年份，东北地区能源消耗强度的变化有利于推动

---

① 数据取自《黑龙江省统计年鉴》《吉林省统计年鉴》《辽宁省统计年鉴》。

实现降低碳排放量的目标；经济增长会使东北地区碳排放量增加，而且这种正向效应有所放缓；而人口规模的影响表现出一种先增后降的特征，这表明人口规模越大，区域碳排放总量越高。图 11-1 更为直观地显示了 1998～2015 年各因素对东北地区碳排放的影响效应，东北地区碳排放量变化情况与能源消费结构因素的趋势较为接近，也就是说，能源消费结构对于碳排放的影响贡献度最大，对碳排放量的影响最强，而东北地区能源消耗仍然是以煤炭等化石燃料为主，超过能源消费总量的 60%，换个角度来说，提高东北地区的煤炭等能源使用率，就会增加碳排放量，因而，提升清洁能源使用率和提高传统化石能源使用效率有利于促进东北地区实现碳减排的目标，但目前对黑龙江省和吉林省来说，技术和资金等落地措施有待进一步解决。

表 11-1　　　　1998～2015 年各因素对东北地区碳排放的影响效应

年份	Δg	Δa	Δp	Δe
1998	-9 525.89	520.32	21.79	3 804.92
1999	-3 336.96	415.54	33.39	3 540.38
2000	751.68	776.25	481.54	3 639.92
2001	-4 817.25	687.20	31.64	3 667.52
2002	-2 335.36	659.49	29.30	3 668.56
2003	3 929.84	956.83	6.04	4 003.77
2004	2 826.36	1 473.74	47.53	4 584.14
2005	8 866.87	1 373.18	30.92	5 103.42
2006	1 326.07	1 648.02	68.37	5 645.12
2007	851.57	2 163.73	77.19	6 025.99
2008	-3 799.52	2 499.06	57.23	6 468.36
2009	-3 461.03	1 357.63	42.14	6 658.61
2010	3 818.12	2 702.86	-2.74	6 961.76
2011	2 471.50	3 068.76	-5.00	7 598.21
2012	-5 433.08	1 825.96	-144.42	7 986.59
2013	-17 800.53	1 356.55	-54.71	8 010.15
2014	-8 274.81	816.96	-44.70	7 876.49
2015	-12 045.90	138.05	-121.38	7 733.48

资料来源：原始数据来自相关年份统计年鉴。

表 11 - 2　　　　　1998～2015 年各因素对东北地区碳排放影响的累积效应　　　单位：万吨

年份	能源强度	人均 GDP	人口规模	能源消费结构	碳排放
1998	- 910. 60	520. 32	21. 79	3 804. 92	- 5 178. 87
1999	- 1 388. 14	935. 85	55. 18	7 345. 30	- 4 526. 52
2000	- 2 107. 53	1 712. 10	536. 73	10 985. 22	1 122. 87
2001	- 2 614. 13	2 399. 30	568. 37	14 652. 74	692. 00
2002	- 3 042. 16	3 058. 79	597. 67	18 321. 30	2 713. 98
2003	- 3 298. 25	4 015. 62	603. 71	22 325. 07	11 610. 46
2004	- 4 006. 03	5 489. 36	651. 23	26 909. 21	20 542. 22
2005	- 3 445. 46	6 862. 54	682. 15	32 012. 63	35 916. 61
2006	- 4 498. 59	8 510. 56	750. 52	37 657. 75	44 604. 20
2007	- 5 922. 93	10 674. 29	827. 71	43 683. 74	53 722. 68
2008	- 8 295. 44	13 173. 36	884. 95	50 152. 10	58 947. 82
2009	- 8 370. 64	14 530. 99	927. 09	56 810. 71	63 545. 17
2010	- 10 568. 20	17 233. 84	924. 35	63 772. 47	77 025. 17
2011	- 12 523. 80	20 302. 60	919. 34	71 370. 69	90 158. 64
2012	- 13 141. 80	22 128. 57	774. 92	79 357. 28	94 393. 70
2013	- 14 815. 20	23 485. 12	720. 21	87 367. 43	85 905. 16
2014	- 14 867. 10	24 302. 08	675. 51	95 243. 92	86 279. 09
2015	- 13 819. 20	24 440. 13	554. 12	102 967. 40	81 973. 34

资料来源：原始数据来自相关年份统计年鉴。

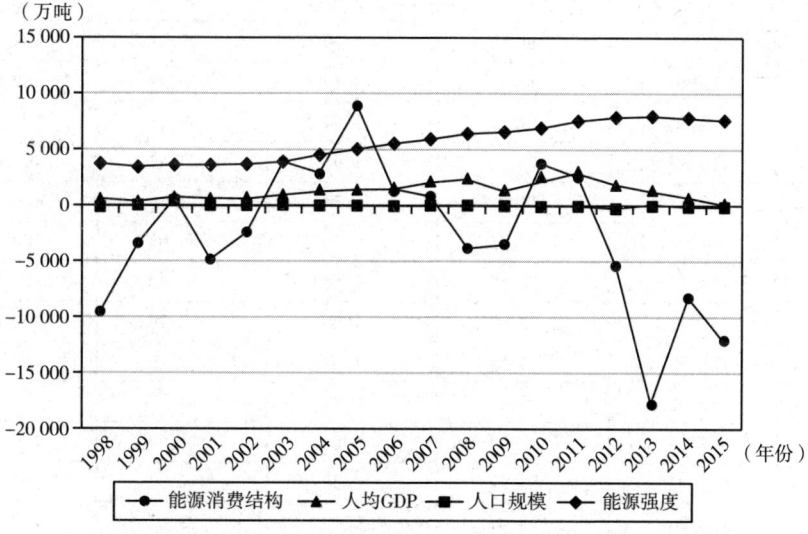

图 11 - 1　1998～2015 年各因素对东北地区碳排放的影响效应

　　具体分析各影响因素，由表 11 – 3 可知，从 2000 年到 2015 年，能源强度因素的贡献度一直为负，对碳排放量的影响表现为负相关关系。可以理解为，单位 GDP 所需要的能源消费量不断降低，对降低碳排放量具有一定的正向促进作用。在 1998 ~ 2015 年间，能源消耗强度因素对碳排放的贡献度大多年份都为负值，且在 10% ~ 400%，其中，2000 ~ 2002 年间的贡献度较大，2003 年以后贡献度平均水平为 15%，对碳排放变化量的影响程度不大。人均 GDP 因素是衡量社会经济发展水平的重要指标，它对碳排放量变化的贡献程度在大多数年份都表现为正值，平均水平维持在 20% 左右，这表明东北地区经济水平提高，碳排放量会增加。自 2003 年以来，人口规模变化因素的贡献度平均只有 1% 左右，且呈现出连年下降的态势，这表明人口规模对东北地区整体碳排放量变化的影响微乎其微。而能源消费结构因素各年的贡献度较高，大多数年份都能达到 100%，2001 年甚至超过 2000%，不仅如此，其他各项因素的贡献度的最高状态都出现在 2001 年前后，碳排放量的变化情况同样如此。

表 11 – 3　　　　　1998 ~ 2015 年各因素对东北地区碳排放影响的贡献度　　　　单位:%

年份	能源强度	人均 GDP	人口规模	能源消费结构	碳排放
1998	17.58	– 10.05	– 0.42	– 73.47	100.00
1999	30.67	– 20.67	– 1.22	– 162.27	100.00
2000	– 187.69	152.48	47.80	978.32	100.00
2001	– 377.77	346.72	82.13	2 117.47	100.00
2002	– 112.09	112.70	22.02	675.07	100.00
2003	– 28.41	34.59	5.20	192.28	100.00
2004	– 19.50	26.72	3.17	130.99	100.00
2005	– 9.59	19.11	1.90	89.13	100.00
2006	– 10.09	19.08	1.68	84.43	100.00
2007	– 11.03	19.87	1.54	81.31	100.00
2008	– 14.07	22.35	1.50	85.08	100.00
2009	– 13.17	22.87	1.46	89.40	100.00
2010	– 13.72	22.37	1.20	82.79	100.00
2011	– 13.89	22.52	1.02	79.16	100.00
2012	– 13.92	23.44	0.82	84.07	100.00
2013	– 17.25	27.34	0.84	101.70	100.00
2014	– 17.23	28.17	0.78	110.39	100.00
2015	– 16.86	29.81	0.68	125.61	100.00

资料来源：根据计算结果得出。

由图11-2中各因素对东北地区碳排放影响累积效应的折线图趋势可以看出，碳排放总效应与能源消费结构趋势最为接近，但折线形状与人均GDP，即经济发展水平曲线相似。根据各因素的计算结果，能源消费结构的影响程度最高，这表明随着能源消费量的增加，碳排放量也随之增多；经济发展水平同碳排放量的变化之间存在着正向的促进关系，东北地区经济发展，碳排放量会增加，这是由于东北地区当前经济发展受到技术水平和能源消费的限制。但从图11-2中可以看出，东北地区碳排放量自2012年开始呈现出一种下降的趋势，这是由于还存在着其他影响因素的作用，如能源强度。由于历史因素，东北地区能源消费结构短期内不会发生太大的改变，对碳排放量增长的正向促进作用会继续维持，但技术进步变量等导致能源消耗强度降低的因素会在一定程度上降低碳排放量的增速。同时，清洁能源技术的发展和化石能源使用效率提升也会对降低东北地区碳排放量起到一定的积极作用。

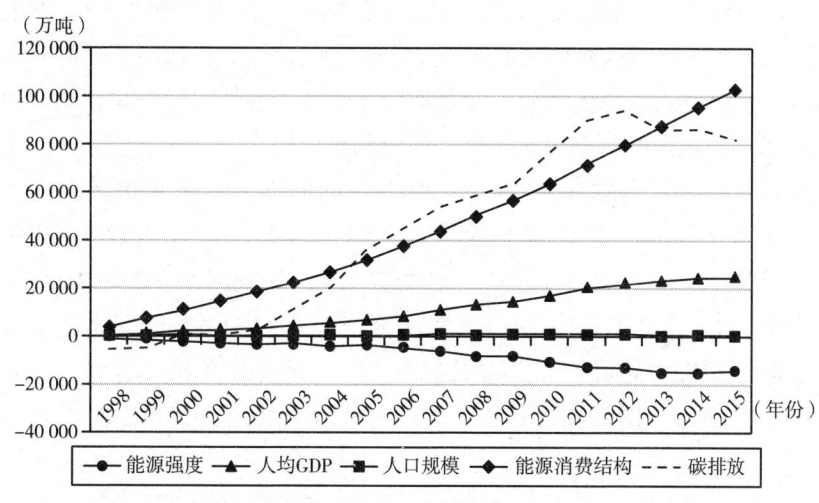

图11-2 各因素对东北地区碳排放影响累积效应趋势

二、2030年东北地区碳排放达峰预测

（一）STIRPAT模型构建

上文对影响因素的分解结果，从能源消费结构、经济发展水平、人口规模和能源强度四个方面分析了东北地区碳排放量的影响因素，研究发现，能源消费结构是东北地区碳排放量的主要影响因素，降低能源强度能够抑制碳排放量增加，

经济结构变动主要是通过调整各产业所占比例来影响碳排放量。

最早运用"I = PAT"等式定量分析环境影响因素的学者是埃利希（Ehrlich），其中环境影响（impact，I）因素主要包括人口总量（population，P）、人均经济程度（affluence，A）和技术水平（technology，T）等。但 IPAT 模型有一定的缺陷，从影响因素个数角度来看，只分析三个影响因素不够全面，并且各因素间存在比例增减关系，这使得模型无法测度单个因素的影响程度。为克服 IPAT 模型的局限性，国外学者在 IPAT 模型基础上进行改进，最终建立了"I = PAT"恒等式的扩展形式——可拓展的随机性的环境影响评估模型（stochastic impacts by regression on population, affluence, and technology, STIRPAT）模型，基本公式如下：

$$I = aP^{\alpha}A^{\beta}T^{\gamma}e \qquad (11-8)$$

式（11 - 8）中，各变量 I、P、A、T 分别代表环境影响程度、人口规模、生活水平、技术水平，各系数 a、α、β、γ 分别代表模型系数、人口规模系数、富裕程度系数、能源结构弹性系数，e 为模型误差。不同于 IPAT 模型，STIRPAT 模型在等式右边引入多个自变量，而且模型非线性，这使得模型可以更加清晰地体现技术水平、文化这些非等比例因素的影响。

在变量选择时，通过对比 1997 ~ 2016 年间的碳排放量相关数据，可以发现，近些年东北地区产业结构变动较大，辽宁省第二产业占比由 2014 年的 50.24% 下滑至 2016 年的 38.65%，黑龙江省第二产业比重更是从 2013 年的 41.1% 骤降至 2016 年的 28%。应用偏相关分析法，东北地区碳排放量与第二产业占比间的相关性较弱，相关系数仅 0.118。通过参考相关资料，将能源结构作为影响因素加入模型进行分析。最终，针对东北地区，在上文的研究基础上提取了表征人口规模的人口总量（P）、表征居民生活富裕程度的人均 GDP（A）、城市化率（SP）、表征能源使用效率的能源强度（T）、表征生产模式的碳排放强度（F）、表征能源消费的能源结构（E）六个变量进行多维度研究。

STIRPAT 模型如下：

$$C = aP^{\beta1}A^{\beta2}T^{\beta3}SP^{\beta4}F^{\beta5}E^{\beta6}c \qquad (11-9)$$

对式（11 - 9）两边取对数，可得如下等式：

$$\ln C = \ln a + \beta1\ln P + \beta2\ln A + \beta3\ln SP + \beta4\ln T + \beta5\ln F + \beta6\ln E + \ln c$$

$$(11-10)$$

式（11 - 10）中，β1、β2、β3、β4、β5、β6 代表各指标变量的弹性系数，即当 P、A、SP、T、F、E 每变化 1% 时，C 将变化 β1%、β2%、β3%、β4%、 β5%、β6%，整理所选取的指标，得到如表 11 - 4 所示数据。

表 11 - 4　　　　　1997~2016 年东北地区碳排放总量以及主要相关指标

年份	碳排放量 (C)（万吨）	人口总数 (P)（万人）	人均 GDP (A)（万元）	城市化率 (SP)（%）	能源强度 (T)（吨/万元）	碳排放强度 (F)（吨碳排放/吨标煤）	能源结构 (E)（%）
1997	83 504.87	9 500.99	0.81	45.02	2.62	10.79	65.14
1998	78 048.10	9 528.16	0.86	45.30	2.29	9.47	63.30
1999	78 941.83	9 571.21	0.91	45.49	2.19	9.04	60.65
2000	84 623.11	10 187.33	0.96	44.72	2.11	8.69	59.64
2001	84 368.13	10 227.79	1.03	44.98	1.95	8.00	58.61
2002	86 462.35	10 265.02	1.11	45.44	1.85	7.56	58.66
2003	95 514.05	10 272.23	1.24	46.00	1.82	7.51	59.85
2004	104 894.34	10 323.80	1.41	46.70	1.80	7.21	60.96
2005	120 455.49	10 353.71	1.66	47.19	1.67	7.01	62.44
2006	129 518.15	10 413.30	1.90	47.13	1.58	6.54	63.81
2007	139 173.64	10 476.27	2.25	47.19	1.45	5.91	64.14
2008	144 745.33	10 520.71	2.70	47.55	1.23	5.10	65.69
2009	149 441.12	10 552.39	2.95	48.55	1.20	4.81	65.66
2010	163 718.81	10 550.45	3.55	49.21	1.08	4.37	65.47
2011	177 594.22	10 547.20	4.30	49.89	0.97	3.91	66.33
2012	182 669.88	10 458.60	4.83	50.98	0.91	3.62	65.96
2013	174 379.05	10 424.80	5.25	51.81	0.77	3.19	65.98
2014	174 893.08	10 396.60	5.53	52.62	0.74	3.04	66.21
2015	169 892.65	10 319.49	5.60	53.68	0.73	2.94	65.94
2016	161 906.68	10 713.73	4.89	52.36	0.81	3.09	64.22

注：能源强度（T）指单位 GDP 能源；碳排放强度指单位 GDP 消费碳排放量；能源结构（E）指煤炭在一次能源中的占比。

资料来源：1998~2017 年《黑龙江省统计年鉴》《吉林省统计年鉴》《辽宁省统计年鉴》。

（二）基于拓展后的 STIRPAT 模型实证分析

由于拓展的 STIRPAT 模型变量之间可能存在多重自相关性，这会使得模型自变量之间形成线性相关组合，对分析结果造成偏差，从而研究结果缺乏准确性。为消除多重共线性的影响，我们采用偏最小二乘法（partial leastsquare method，PLS），具体步骤为：首先通过构建协方差矩阵来研究内部相关性，其次运用因子分析法提取具有高度相关性的公共因子，对自变量进行降维，筛选出解释性最强的变量；对经过处理后模型进行回归分析，得到自变量的弹性系数，最后可以得到东北地区碳排放影响因素模型。

　　根据所研究的问题，首先将东北地区人口总数（P）、人均 GDP 总额（A）、城市化率（SP）、能源强度（T）、碳排放强度（F）和能源结构（E）作为备选自变量并进行偏相关处理，剔除相关系数偏低的自变量。大多数学者在研究线性相关程度问题时，会选择相关系数方法来进行分析。当研究因素数量较多时，讨论自变量之间的相关性，即变量间内生性是相当必要的[①]。为解决因变量间存在内生性而导致模型结果偏误，本章运用学术界广泛选择的偏相关分析理论与方法，具体操作可以通过 SPSS 23.0 实现，结果如表 11 – 5 所示。

表 11 – 5　　　　　　　　　　碳排放因子偏相关分析

碳排放因子	$\ln C$	$\ln P$	$\ln A$	$\ln F$	$\ln SP$	$\ln E$	$\ln T$
相关系数	1.000	0.760	0.977	– 0.938	0.901	0.802	– 0.939
Sig（双侧检验）	0.000	0.000	0.000	0.000	0.000	0.000	0.016

　　由表 11 – 5，在前面假设的碳排放量影响因素中，人均 GDP（A）、城市化率（SP）、碳排放强度（F）、能源强度（T）与碳排放总数（C）之间存在高度相关性，相关系数均在 0.900 以上，显著性水平小于 0.001，即显著相关。人口总量（P）、能源结构（E）与碳排放总数（C）之间的相关系数分别为 0.760 和 0.802，相比其他变量，关联程度明显偏弱，但相关系数都大于 0.7，在显著性水平为 0.001 时也都是显著的，故可以保留这两个变量。

　　为了消除因各碳排放影响因子之间可能存在的多重共线性问题所带来的模型分析结果偏误，使数据具备准确性和针对性，本部分利用主成分分析法对 P、A、SP、F、E 和 T 指标进行降维，然后选择较少的公共因子来解释因变量变化，结果如表 11 – 6 所示。

---

① 严丽坤. 相关系数与偏相关系数在相关分析中的应用 [J]. 云南财经大学学报，2003，19（3）：78 – 80.

表 11 – 6　　　　　　　　　　　　　相关性矩阵

项目		P	A	F	SP	E	T
相关性	P	1.000	0.719	– 0.707	0.579	0.294	– 0.702
	A	0.719	1.000	– 0.989	0.964	0.761	– 0.990
	F	– 0.707	– 0.989	1.000	– 0.975	– 0.688	0.999
	SP	0.579	0.964	– 0.975	1.000	0.723	– 0.974
	E	0.294	0.761	– 0.688	0.723	1.000	– 0.694
	T	– 0.702	– 0.990	0.999	– 0.974	– 0.694	1.000
显著性	P	—	0.000	0.000	0.004	0.094	0.000
	A	0.000	—	0.000	0.000	0.000	0.000
	F	0.000	0.000	—	0.000	0.000	0.000
	SP	0.004	0.000	0.000	—	0.000	0.000
	E	0.094	0.000	0.000	0.000	—	0.000
	T	0.000	0.000	0.000	0.000	0.000	—

由表 11 – 6 可知，大多数影响因子高度相关，其中人均 GDP（A）与能源强度（T）和碳排放强度（F）的相关性分别达到了 – 0.990 和 – 0.989，表现出高度负相关性，碳排放强度（F）与能源强度（T）之间表现出高度正相关性。人口总数（P）与其他自变量之间的相关系数较低，尤其是与城市化率（SP）之间的相关性较差，相关系数仅 0.579。各变量的 t 检验 Sig 值在 0.01 以下，这表明在 1% 的显著性水平下表现为极显著，拟合效果较好。KMO 检验值 0.724，且巴特利特检验 p 值小于 0.001，即相关性矩阵与单位矩阵存在显著差异（见表 11 – 7），各自变量之间存在相关性，因而可以利用主成分分析法。

表 11 – 7　　　　　　　　　　**KMO 和巴特利特检验**

KMO 取样适切性量数		0.724
巴特利特球形度检验	近似卡方	279.724
	自由度	15
	显著性	0.000

在分析和筛选影响因子后，可以直观地看出公共因子对变量的贡献程度。由表 11 – 8 可知，初始特征值前三个成分的方差累积贡献率高达 99.666%，这表明这些成分能够充分解释观测数据。每个公共因子分别能解释总方差的 83.255%、11.993% 和 4.418%，从而方差累积贡献率达到 99% 以上，可以解释大部分原始

数据。这样被舍弃的原始信息就仅占总方差的 0.334% ，所以提取三个公共因子是合理的。

表 11 - 8 　　　　　　　　　　　　主成分分析下总方差解释

成分	初始特征值			提取载荷平方和			旋转载荷平方和		
	整体	方差百分比	累计	整体	方差百分比	累计	整体	方差百分比	累计
1	4.995	83.255	83.255	4.995	83.255	83.255	3.064	51.074	51.074
2	0.720	11.993	95.248	0.720	11.993	95.248	1.475	24.589	75.663
3	0.265	4.418	99.666	0.265	4.418	99.666	1.44	24.003	99.666
4	0.017	0.279	99.945						
5	0.003	0.042	99.987						
6	0.001	0.013	100						

注：提取方法为主成分分析法。

根据主成分分析法，提取出了三个公共因子（见表 11 - 9），且它们之间线性无关，分别被命名为 FA1、FA2 和 FA3，这三个变量分别能够解释原始变量的 83.255% 、11.993% 和 4.418% ，可得以下方程：

$$FA1 = -0.595\ln P + 0.163\ln A - 0.452\ln F + 0.664\ln SP - 0.652\ln E - 0.4491\ln T$$

$$(11 - 11)$$

$$FA2 = 1.225\ln P + 0.078\ln A + 0.097\ln F - 0.407\ln SP + 0.099\ln E + 0.104\ln T$$

$$(11 - 12)$$

$$FA3 = 0.116\ln P + 0.087\ln A + 0.233\ln F - 0.297\ln SP + 1.340\ln E + 0.221\ln T$$

$$(11 - 13)$$

表 11 - 9 　　　　　　　　　　　　主成分得分系数矩阵

	成分因子		
	FA1	FA2	FA3
P	-0.595	1.225	0.116
A	0.163	0.078	0.087
F	-0.452	0.097	0.233
SP	0.664	-0.407	-0.297
E	-0.652	0.099	1.340
T	-0.449	0.104	0.221

根据式（11－11）、式（11－12）和式（11－13）得到三组公共因子等式，完成了对碳排放多因子的降维，然后选取 FA1、FA2 和 FA3 作为工具变量，碳排放（C）为因变量，利用 OLS 估计法进行拟合回归，计算通过 SPSS 23.0 实现。

由表 11－10 可知，模型的拟合优度高达 0.985，这表明模型的估计值与因变量之间的拟合程度很好。调整的 R 方的大小为 0.982，这表明 3 个公共因子可以解释因变量 98.2% 的变化。同时，DW 检验值为 1.525，根据上限与下限的判定方式，随机误差项不存在自相关性，因而 OLS 估计法具有有效性。从表 11－11 ANOVA 分析结果可以看出，F 值为 346.621，对应的 Sig 值小于 0.001，所以在 0.001 的显著性水平下拒绝原假设。由此，我们选择的三个解释变量对因变量的影响是有效的，变量间呈现出显著性关系。

表 11－10　　　　　　　　　　　　模型汇总

模型	R	R 方	调整的 R 方	标准误	DW 检验值
1	0.998	0.985	0.982	0.04276	1.525

表 11－11　　　　　　　　　　　　ANOVA 分析结果

模型	平方和	自由度	均方	F	显著性
回归	1.901	3	0.634	346.621	0.000
残差	0.029	16	0.002		
总计	1.930	19			

根据表 11－12，标准化系数与因子载荷矩阵中的成分系数计算出各自变量的标准化系数，得到各因素对于碳排放量的影响程度，结果发现，各因素影响程度按大小次序排列依次为能源结构（0.951）、人均 GDP（0.627）、城市化率（0.545）、能源强度（0.536）、碳排放强度（0.527）、人口规模（0.273），构建 FA1、FA2、FA3 与因变量 lnC 之间的回归方程。

表 11－12　　　　　　　　　　　　模型系数

模型	未标准化系数		标准化系数	t 值	显著性
	B	标准误	β		
常量	11.723	0.010		1 226.105	0.000
FA1	0.200	0.010	0.628	20.410	0.000
FA2	0.169	0.010	0.531	17.243	0.000
FA3	0.177	0.010	0.556	18.054	0.000

$$\ln C = 0.2\text{FA1} + 0.169\text{FA2} + 0.177\text{FA3} + 11.723 \qquad (11-14)$$

将式（11-11）、式（11-12）、式（11-13）代入式 11-14，可以得到以下回归方程：

$$\ln C = 0.199\ln A + 0.174\ln SP + 0.087\ln P + 0.306\ln E - 0.171\ln T - 0.169\ln F + 9.203$$
$$(11-15)$$

分析碳排放影响因子的系数大小，能源结构是导致碳排放总量上升最重要的影响因素，影响系数为 0.951，也就是说东北地区化石能源消费每增加 1%，碳排放量将增加 0.95%；人均 GDP 因素的影响系数为 0.627，这表明碳排放与经济增长因素之间高度相关，这是由于东北地区经济发展模式仍然高度依赖于消耗自然资源，亟须转变经济发展方式，以在经济发展与环境质量之间寻求和谐。相比其他省份，东北地区碳排放量与人口总数的相关性不强，相关系数仅为 0.273，这主要是由于东北地区受经济结构、人文环境等因素制约，专业性人才大量外流，地区经济增长缓慢，甚至在个别年份停滞不前，同时东北地区设备制造业在地区生产总值中占据相当重要的地位，种种原因使得人口因素对于东北地区碳排放量的影响程度不大。从理论和实践领域来说，技术进步也有利于低碳经济的发展，能够促进东北地区减排。

将 1997~2016 年东北地区能源结构、人口数量、人均 GDP、能源强度、城市化率、碳排放强度的数据代入式（11-15）中，比较模型碳排放量拟合结果与真实测算总量，可以发现仅有 2015 年的误差比（误差与碳排放实际测算值之比）的绝对值超过 16%（见表 11-13），其他年份误差均在可接受范围内，这样就能够保证东北地区碳排放预测的准确性。

表 11-13　　　　　　　　　　碳排放测算值与模拟值比对分析

年份	碳排放实际值（万吨）	碳排放模拟值（万吨）	误差比（%）
1997	83 504.87	83 517.53	0.02
1998	78 048.10	87 763.24	12.45
1999	78 941.83	88 983.05	12.72
2000	84 623.11	90 767.84	7.26
2001	84 368.13	94 344.04	11.82
2002	86 462.35	97 892.56	13.22
2003	95 514.05	101 181.86	5.93

续表

年份	碳排放实际值（万吨）	碳排放模拟值（万吨）	误差比（%）
2004	104 894. 34	105 659. 43	0. 73
2005	120 455. 49	112 151. 49	- 6. 89
2006	129 518. 15	118 515. 74	- 8. 49
2007	139 173. 64	132 585. 62	- 8. 86
2008	144 745. 33	137 121. 16	- 3. 32
2009	149 441. 12	144 676. 71	- 2. 98
2010	163 718. 81	157 270. 77	- 4. 70
2011	177 594. 22	170 973. 82	- 4. 67
2012	182 669. 88	177 193. 48	- 2. 68
2013	174 379. 05	164 216. 08	- 9. 16
2014	174 893. 08	163 858. 01	- 12. 11
2015	169 892. 65	161 008. 20	- 16. 90
2016	161 906. 68	182 387. 70	15. 18

（三）情景分析与参数设定

运用情景分析法预测东北地区碳排放量峰值。通过查阅相关文献资料，根据东北地区碳排放现状，以及中国到 2030 年实现碳排放量达峰的宏观目标，本章从人口规模因素、经济发展结构因素、能源结构、技术水平等角度着手，参阅近些年关于中国及东北地区碳排放峰值方面的文献可以发现，大多数学者认为如果继续按照传统的经济发展方式，即不推行节能减排政策，那么东北地区碳排放达峰时间会出现在 2035 ~ 2040 年间，与"中国 2030 年碳排放达峰"目标相悖。基于此，本章设计了三种情景模式，即节能情景模式、强节能情景模式和低碳情景模式以预测东北地区 2020 ~ 2040 年的碳排放量。

三种情景模式具体情况如下：节能情景模式以东北地区当前推行的节能减排政策以及碳排放现状为基准，设定各因素变化率，以反映东北地区碳排放情况。强节能情景模式立足于节能情景模式，继续加大东北地区"十三五"节能减排政策落实力度，逐步推进东北地区低碳经济发展。低碳情景模式有利于推动低碳社会全面建设，在强节能基础上通过更全面、更积极的举措促进东北地区碳排放量降低，既能确保东北地区经济平稳增长，又能转变社会发展方式，例如控制人口数量变动、加快能源消费模式转变等，从而改善人口规模、能源消费等情况。在初期阶段，东北地区以节能模式下能源消费结构、经济发展水平、人口规模、能源消耗强度等因素的设定为参照，随着时间推移，逐渐推进低碳经济发展，改善能源消费结构、加快降低碳排放强度、推动社会经济可持续发展，在节能模式基础上不断深化，逐步渗入强节能情景，最终转入低碳情景模式，实现经济低碳发展。

由上文分析可知，设定的各因素都会对东北地区碳排放量造成影响。本章从上述碳排放影响因子角度出发，将各影响因素未来的发展趋势分为低速率增长、中速率增长和高速率增长三类。以下具体说明：

人均 GDP 因素和人口数量因素。2011～2016 年间，东北地区人均 GDP 年均增长率为 5.4%，以此为基准，设 5% 为中速率。按照 2017 年中国大陆地区人均 GDP 较上年增长 9.5%，以 10% 的增速作为高速率。依据人口规模增长速度将低速率设置为 3%。从人口规模角度看，东北地区近 20 年人口数量呈现出先增加后下降的趋势，人口增长率在增长时期不断下降，在下降时期不断增加。由于经济不景气等因素影响，东北地区近些年人口外流现象严重，根据统计年鉴资料，2011～2016 年东北地区常住人口数量年均下降 0.13%，在此我们基于 2015 年中国的人口自然增长率（0.496%），设定人口低增长速率为 0.5%。以联合国预测的 2020 年 1% 的人口增长率设为中增长速率；"十三五"规划中强调了人口平均增长速率不超过 3%，由此设定在高增长情形下，人口增速为 2%。

城市化率因素。我国学者张东生和马娜（2016）立足于城市化率的主要影响因素角度，运用回归分析法对未来城市化率进行估计，2020 年中国城市化率或为 63.26%。[①] 由于相对其他地区，近些年来东北地区城市化进程缓慢，通过计算设定在高增长情景下，城市化率增速为 5%。据估计，2018 年末中国整体城市化率为 59.58%，增速 1.06%，低增长速率为 2%，设中增长速率为 3%。

碳排放强度因素。2011～2016 年东北地区碳排放强度年均下降 6%，由于东北地区仍在积极发展低碳技术与节能减排技术，未来一段时期内，碳排放强度可能大幅下降，由于存在边际递减规律，碳排放强度变化速率逐步降低，因此设在低速率下，碳排放强度年均下降 6%，中速率为 7%，高速率为 7.5%。

能源结构因素。2011～2016 年东北地区煤炭占一次能源的比重年均下降约 0.5%，由于东北地区近些年来积极开采天然气、开发太阳能、生物质能等清洁能源，"十三五"规划高度重视要加大能源结构调整力度，因此在未来一段时间内，东北地区能源结构能够得到不断优化。设在低速率情景下，能源结构年均下降 0.5%，据估计 2030 年中国煤炭消费所占一次能源比重将下降到 60%，因此假

---

① 张东生，马娜. 中国城市化率预测模型构建 [J]. 统计与管理，2016（11）：49－51.

定在中速率与高速率模式下，到 2030 年东北地区能源结构将分别达到 52% 和 45%。

能源强度因素。能源强度表示能源消费总量与地区生产总值的比重，近 5 年来东北地区能源强度年均下降 6.3%，近 10 年来年均下降程度更是高达 10.9%。

韩松、张宝生和唐旭等（2016）认为，2014 ~ 2020 年间在最高速率模式下，能源强度年均降低 10.5%，2020 年能源强度为 0.48 吨/万元[①]。因此，设置高速率模式下，东北地区能源强度到 2020 年年均下降 10.5%，降至 0.51 吨/万元，中速率与低速率模式下，能源强度分别降低到 0.53 吨/万元与 0.58 吨/万元。并且此后能源强度变化速率逐年递减。比对上文的影响因子参数设定值，可得表 11 - 14。

表 11 - 14　　　　　　　　　东北地区碳排放量预测情景模式设置

模式	人均 GDP	人口总量	城市化率	能源强度	能源结构	碳排放系数
节能模式	高	高	高	低	低	低
强节能模式	中	中	中	中	中	中
低碳模式	中	低	低	高	高	高

（四）东北地区碳排放峰值预测

根据上文中对不同变化速率下参数的设定，预测三种情景下东北地区 2017 ~ 2040 年的碳排放量。由图 11 - 3 可知，东北地区碳排放量达峰时间会出现在 2025 ~ 2030 年间，峰值阈值在 228.5 × 10^7 t ~ 328.4 × 10^7 t 之间。

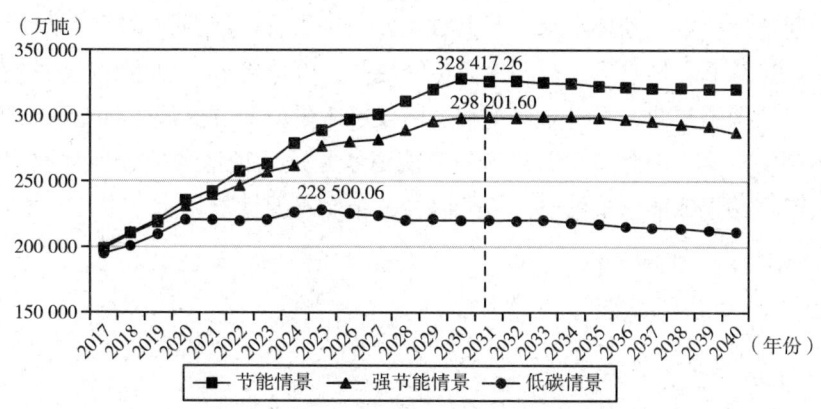

图 11 - 3　三种情景下东北地区碳排放达峰结果预测（2017 ~ 2040 年）

① 韩松，张宝生，唐旭，等. 基于正交试验的"十三五"中国能源强度情景预测与分析 [J]. 技术经济，2016，35（12）：97 - 104.

在节能情景下，东北地区碳排放量将于2030年达峰，约为328.4×10^7吨。强节能情景是在节能情景下加强节能减排落实力度，同时不断发展低碳经济，这样东北地区碳排放量可以在2030年达峰，相比节能情景，峰值降低，为298.2×10^7吨。在低碳情景下，东北地区碳排放量能够实现达峰时间最早，为2025年，且峰值最低，为228.5×10^7吨；比强节能情景峰值要低69.7×10^7吨，要比节能情景少99.9×10^7吨。计算2017～2040年间东北地区在三种情景下的累计碳排放量，节能情景要与强节能情景高出46.4×10^8吨，而又高出低碳情景下的累计碳排放量132.5×108吨。

根据预测结果，在节能情景、强节能情景和低碳情景下实现碳排放量达峰时对应的人均GDP分别为16.61万元、11.66万元和6.56万元，而碳排放量已经达峰的世界上典型的国家或地区达峰时人均GDP介于9.59万元到12.82万元，可见东北地区只有在强节能情景下实现碳排放量达峰时经济水平在合理范围内，而低碳情景下经济水平明显低于合理范围。低碳情景虽然有效地抑制了碳排放量增长，极大程度地提升了环境质量，有利于应对气候变化问题，但这种情景模式却是以过度牺牲经济增长为代价的，显然是不合理的；节能情景下经济水平远远超过合理范围，但不利于解决东北地区碳排放过量的问题。因此，东北地区应当合理地、适度地调整优化经济结构，综合利用节能减排和低碳技术，力争在2030年实现碳排放量达峰目标。

结果表明，节能情景、强节能情景和低碳情景下的碳排放预测峰值分别是2016年碳排放量实际值的1.76倍、1.60倍和1.23倍。从能源结构、碳排放量峰值、经济发展水平和技术水平等参数设置角度来看，显然强节能情景更符合现实情况。虽然低碳情景下，东北地区达峰更早、峰值更低，但是对应的技术水平高、能源结构调整快、人口规模小和经济发展水平低等方面都会对地区长远发展产生不利的影响。因此，我们认为强节能情景是这三种情景中最为合理的模式，下文我们将对强节能情景做进一步的路径分析和可控性研究。

第十二章　东北地区 2030 年碳排放达峰路径分析

一、单因素分析

通过参考国内外学者对碳排放的相关研究，可以发现在碳排放达峰路径方面，分析单因素对达峰路径的影响效果具有更重要的作用。即在节能情景、强节能情景和低碳情景下，分别只变动其中一种影响因子的参数，而其他影响因子参数保持不变，从而定量分析碳排放峰值各因素的影响效果。

（一）人口规模与城市化率因素

改变人口规模变动率，在三种情景模式下达峰时间没有改变，降低人口规模变动率，相应地，东北地区的碳排放量峰值就会降低。因此可以判定，人口规模因素在一定程度上能够影响东北地区碳排放量峰值的大小，但对达峰时间没有影响。比较在设定的人口规模变动率低速率模式与高速率模式下，节能情景、强节能情景和低碳情景下的碳排放量峰值差值分别为 6 709.45 万吨、6 153.61 万吨和 2 703.80 万吨。这表明，人口规模因素与碳排放量变化量呈现出正相关性，根据理论与实际分析，东北地区未来人口规模在达到峰值后会降低，依据近 20 年的人口规模数据分析估计变化速率在 −3% ~2% 之间，且影响程度较小。

与人口规模因素相似，城市化率对碳排放量峰值的大小存在着一定的影响，但对达峰时间没有影响。改变城市化率变化率，在三种情景模式下达峰时间不变，降低城市化率变化率，会使相应的东北地区碳排放量峰值降低。比较在设定的城市化率变化率低速率模式与高速率模式下，节能情景、强节能情景、低碳情景下的碳排放量峰值分别相差 13 739.3 万吨、13 026.74 万吨和 6 845.22 万吨。这表明，城市化率与碳排放量之间表现出正相关性，这是由于目前东北地区正处于快速城镇化阶段，城市化率不断提高，能源利用方式逐渐优化合理，从而会使东北地区碳排放量受到影响。根据理论研究和近 20 年东北地区城市化率的发展趋势，设定未来城市化率变化率逐步下降，变化范围在 1%～5%。

（二）人均 GDP 与碳排放强度因素

人均 GDP 对东北地区碳排放量峰值与达峰时间有一定程度的影响。改变人均 GDP 变化率，设定的人均 GDP 增长率越低，对应的东北地区碳排放量峰值就越低，达峰时间越早。比较在设定的人均 GDP 增长率低速率模式与高速率模式下，节能情景和强节能情景、低碳情景下的碳排放量峰值差值分别为 51 345.21 万吨、30 399.71 万吨和 38 508.95 万吨。根据上文对碳排放量峰值预测的结果分析，强节能情景下东北地区在 2030 年实现碳排放量达峰为最合理的情景模式，因此以强节能情景模式为例，在低速率模式下达峰时间为 2028 年，中速率模式下为 2030 年，高速率模式则更晚，为 2032 年。这表明，人均 GDP 因素与碳排放量正相关，根据设定的不同变化速率，相比 2016 年，人均 GDP 在 2030 年增长了 1.4～6.3 倍，因此人均 GDP 因素增碳效果相当明显，而且影响程度要超过其他因子对碳排放量的负效应，这使得达峰时间更迟，碳排放量峰值也显著增加。

碳排放强度因素既能影响碳排放量峰值，又能影响到达峰时间。改变碳排放量变化率，碳排放强度下降得越慢，对应的碳排放量峰值就越高，达峰时间越迟。比较在设定的碳排放强度变化率的低速率模式与高速率模式下，节能情景、强节能情景和低碳情景下的碳排放量峰值分别相差 13 289.12 万吨、23 987.55 万吨和 7 425.28 万吨。在强节能情景下，低速率模式对应的达峰时间是 2031 年，高速率达峰时间提前了 2 年，为 2029 年。结果表明，碳排放强度降低能够降低东北地区的碳排放量，并且碳排放强度的减碳效果要大于其他因子对碳排放量的正效应，既能促使达峰时间提前，也能降低峰值量。

（三）能源强度与能源结构因素

能源强度因素，即创造单位 GDP 所需要消耗的能源量对碳排放量峰值与达峰时间都有影响。改变能源强度变化率，能源强度下降得越快，碳排放量峰值越低，比较在设定的能源强度变化率低速率模式与高速率模式下，节能情景、强节能情景和低碳情景下的碳排放量峰值分别相差 24 835.68 万吨、17 689.26 万吨和 6 646.19 万吨。在强节能情景下，低速率模式对应的碳排放量达峰时间为 2032 年，中速率模式为 2030 年，高速率对应的碳排放量达峰时间更早，较低速率模式下的 2030 年达峰时间提前了 2 年时间。这表明，能源强度下降能够有效降低东北地区碳排放量，降低程度要大于其他因子对碳排放量的正效应，这使得达峰时间提前，峰值量降低。

　　能源结构因素，即煤炭消费在一次能源中所占的比重，既能影响碳排放量峰值，又能对达峰时间产生影响。改变能源结构变化率，能源结构比例越低，峰值就越低，达峰时间也越早。比较在设定的能源结构变化率低速率模式与高速率模式下，节能情景、强节能情景和低碳情景下的碳排放量峰值差值分别为36 732.26 万吨、26 446.67 万吨和 23 889.04 万吨。在强节能情景下，低速率模式达峰时间为 2032 年，中速率模式 2030 年达峰，高速率模式对应的碳排放量达峰时间更早，为 2029 年。这说明，降低能源结构能够促使东北地区碳排放量降低，能源结构影响程度达到 0.95，并且效果明显大于其他因子对碳排放量的正效应，因而会使达峰时间提前，峰值量也会降低。

　　三种情景下各因素不同变化速率对应碳排放达峰时间及峰值如表 12 - 1 所示。

表 12 - 1　　三种情景下各因素不同变化速率对应碳排放达峰时间及峰值

因素	情景	节能模式		强节能模式		低碳模式	
		达峰时间（年）	峰值量（万吨）	达峰时间（年）	峰值量（万吨）	达峰时间（年）	峰值量（万吨）
人均 GDP	低速	2026	277 072.05	2028	269 930.68	2025	228 500.06
	中速	2028	306 090.91	2030	298 201.60	2026	245 860.51
	高速	2030	328 417.26	2032	300 330.40	2028	267 009.02
人口总量	低速	2030	321 707.81	2030	295 055.91	2025	228 500.06
	中速	2030	325 137.64	2030	298 201.60	2025	229 908.14
	高速	2030	328 417.26	2030	301 209.52	2025	231 203.87
城市化率	低速	2030	317 170.43	2030	287 989.53	2025	228 500.06
	中速	2030	328 417.26	2030	298 201.60	2025	233 572.61
	高速	2030	330 909.74	2030	301 016.27	2030	235 345.28
能源强度	低速	2030	328 417.26	2032	303 085.21	2026	235 146.25
	中速	2028	315 954.33	2030	298 201.60	2026	229 323.16
	高速	2027	303 581.58	2028	285 395.95	2025	228 500.06
能源结构	低速	2030	328 417.26	2032	315 863.86	2028	252 389.10
	中速	2028	300 538.25	2030	298 201.60	2026	231 751.04
	高速	2027	291 685.00	2029	289 417.19	2025	228 500.06
碳排放强度	低速	2030	328 417.26	2031	310 195.38	2030	235 925.34
	中速	2029	321 772.70	2030	298 201.60	2026	232 212.70
	高速	2028	315 128.14	2029	286 207.83	2025	228 500.06

　　资料来源：情景分析法演绎结果。

二、东北地区碳排放达峰可控性分析及最优路径研究

(一) 碳排放量达峰时间可控性分析

通过上文对碳排放量峰值单因素的分析，可知人均 GDP、能源消费结构、能源强度和碳排放强度能够影响到东北地区碳排放量的达峰时间。分别将这四种因素由低速率模式变动到高速率模式，人均 GDP 变化率提高能够使得碳排放达峰时间向后推移，能源消费结构、能源强度、碳排放强度变化率降低幅度越大，达峰时间就越早。以节能情景为例，在该情景下，人均 GDP 因素在低速率模式下达峰时间为 2026 年，而在高速率模式下达峰时间延后四年，为 2030 年；在低速率模式与高速率模式下，能源结构因素对应的达峰时间分别为 2030 年和 2027 年，提高能源结构下降率，达峰时间提前了 3 年；能源强度因素在低速率模式与高速率模式下，达峰时间分别为 2030 年和 2027 年；碳排放强度因素在低速率模式下可以在 2030 年实现碳排放量达峰，而高速率模式下达峰时间提前了两年。当碳排放量达峰，即碳排放量正效应与负效应相等时，改变影响因素变化率，达峰时间会随之变动，直至正负效应相互抵消。

因而，可以通过提高经济发展水平、加快能源结构调整、改进能源利用技术、降低碳排放强度等方式促使东北地区碳排放量提前达峰。

(二) 碳排放量峰值大小可控性分析

由碳排放量峰值预测模型，人均 GDP、人口规模、能源强度等因子都会对碳排放峰值大小产生影响，影响程度与标准化系数及各因子变化程度有关。根据前文分析结果，在强节能情景下，东北地区碳排放量在 2030 年实现达峰，而且峰值较低，因此以强节能情景为例，对比表 12 - 1 给出的各因素在低速率模式与高速率模式下的碳排放量峰值，可以计算出各因素对东北地区 2030 年碳排放量达峰的影响程度，如图 12 - 1 所示。结果表明，对碳排放量峰值影响程度最大的是人均 GDP 与能源结构因素，其余依次为：能源强度、碳排放强度、城市化率以及人口规模。

因此，东北地区可以在合理有效地控制经济增速的同时，通过提高能源使用效率、加大节能减排落实力度降低碳排放强度、积极发展风能、地热能等清洁能源、合理控制人口规模等方式促使碳排放量峰值降低。

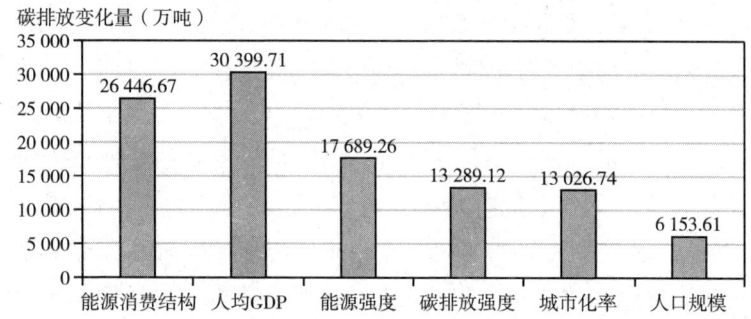

图 12-1　2030 年强节能情景各因素变化速率影响程度比较

资料来源：情景分析法演绎结果。

（三）低碳发展路径

通过上文对东北地区碳排放量峰值大小和达峰时间可控性的分析，可以发现，当能源消费结构、能源强度与碳排放强度等因素的变化率从低速率模式转变为高速率模式时，碳排放量达峰时间会提前，提高人均 GDP 变化率会推迟达峰时间，其他因素不对达峰时间产生影响；在碳排放量峰值大小的影响因子方面，人均 GDP 因素的影响程度最大，其余因素的影响程度大小依次为能源消费结构、能源强度、碳排放强度、城市化率及人口规模。

从上文分析结果可知，强节能情景模式是东北地区达峰的最优路径。首先，积极推动经济高质量发展。根据前文的分析，2011～2016 年人均 GDP 年均增长率为 5.4%，预估未来一段时期内东北地区人均 GDP 年增长率应当保持在 5% 左右。其次，优化能源消费结构。2011～2016 年间，东北地区煤炭消费在一次能源中所占比重年均下降率约为 0.5%。目前，东北地区高度重视提升清洁能源占比的重要性，积极开采天然气，开发太阳能、生物质能等清洁能源，在国家及地区相关政策的推动下，未来时期内东北地区煤炭消费量占比会持续下降，依据近些年的趋势计算，将在 2030 年降低到 50% 左右。再其次，提高化石能源综合利用效率，积极研究与开发新能源技术。"十二五"以来，东北地区碳排放强度年均降幅达到 6%，未来时期要不断创新发展低碳技术，加大节能减排落实力度。据统计，"十二五"时期内，东北地区能源强度年均下降 6.3%，根据国内学者对中国能源强度的估测，"十三五"时期（2016～2020 年）中国能源强度最高年平均下降速率能够达到 10.1%。基于此，东北地区应当大力推进节能减排改造工程或项目、积极开发新能源、努力提升能源使用效率，以争取在 2030 年能够将东北地区能源强度降至 0.51 吨/万元。最后，控制人口规模合理化，使节能低碳理念贯彻人心。近10年来，东北地区常住人口总数呈现出先增加后降低的趋势，但变化幅度不大，相比其他地区及本地区过去时期，当前东北地区人口（尤其是高端技术人才）外流现象相当严重，尽管东北地区相继出台了各类人才新政，但始终难见成效。根据国内学者的预测，中国2020年城市化率将大幅提升，达到63.26%，但由于东北地区城市化水平原有基础较高，进程相对缓慢，2018年城市化率为62.68%，高于中国整体水平59.58%[①]。由于城市化率因素在一定程度上能够影响东北地区碳排放量峰值大小，因此东北地区有必要制定科学的城市规划方案。

三、对策与建议

由于长期以来坚持重工业化，使得东北地区形成了以重工业为支柱的经济结构，但这种高度依赖于资源能源的生产方式，造成了严重的资源问题；近年来，经济不景气、产业结构波动大等现象在一定程度上能够反映出东北地区产业结构升级转型困难的问题。为能够在2030年实现碳排放量达峰的目标，东北地区应当坚持贯彻适度减总量，控制碳强度的碳排放总体战略。东北地区的林木资源十分丰富[②]，但是近年来，东北地区的生态环境遭受到十分严重的破坏，长白山林区总蓄积量更是减少了83.4%。从生态学的角度来看，森林具有吸收二氧化碳、制造氧气、净化空气、调节气候等重要的生态功能，能够减轻城市碳排放的压力，从而有效地缓解气候变化问题，因此，东北地区应当充分利用自身丰裕的森林资源，一方面要通过加大森林、植被保护力度，严惩乱砍滥伐等对生态造成破坏的行为等措施来保护现有林基础，另一方面要通过积极植树造林和林地恢复等措施来扩大新增林面积[③]，从而实现进一步降低碳排放增长率的目标。

（一）推动经济高质量发展，逐步实现低碳经济

通过对东北地区碳排放量影响因素的分析，我们认为合理控制人口规模、推动经济高质量发展、大力建设低碳城市、积极探索社会经济发展与生态环境质量协调与平衡是东北地区在2030年实现碳排放量达峰目标的有效途径。

---

① 2019年《中国统计年鉴》《黑龙江省统计年鉴》《吉林省统计年鉴》《辽宁省统计年鉴》。

② 根据相关记载资料，大兴安岭林区森林覆盖率高达62%，森林总蓄积量近14亿立方米；小兴安岭林区林地面积600多万公顷，森林总蓄积量6.8亿立方米；东部山地林区林地面积超过1 000万公顷，森林覆盖率62.8%，森林总蓄积量9.7亿立方米。

③ 国务院发展研究中心信息中心"基于不同尺度的中国区域碳机理及碳减排格局、路径研究"课题组. 中国八大综合经济区碳减排：类型区分与政策建议［N］. 中国经济时报, 2014-10.

回顾东北地区自中华人民共和国成立以来的发展史，从"一五"时期到"五五"时期经济辉煌、从 2003 年振兴东北老工业基地战略实施到 2014 年迈入新常态，经济快速增长都是以牺牲生态环境质量为代价的。因此，要在经济增长与环境质量之间寻求到一条协调、和谐与平衡之路，通过技术创新、制度完善等一系列措施积极推动经济高质量发展。同时，上文的研究结果表明提高城镇化率，会使东北地区的碳排放量增加，因此可以通过建设低碳城市降低东北地区碳排放量。积极推动经济高质量发展、逐步发展低碳经济，对控制东北地区碳排放量增长率具有相当重要的作用。

（二）能源技术进步，实现能源低碳化

通过上文的研究结果可知，可以通过降低能源强度、提高能源利用效率来有效地抑制碳排放量增长。我国的政治体制特征决定了经济发展路径，而当前阶段我国正处于新一轮朱格拉库存周期，"去产能、去库存"仍是东北地区工业经济发展的关键词。

提升传统化石能源使用技术和清洁能源技术水平是降低东北地区碳排放量峰值的重要方式。鉴于东北地区长期以来形成的经济结构，不可避免地要大量使用煤炭等传统化石能源，因而有必要加强管控力度，避免不必要的能源浪费。

提高能源使用效率是贯彻落实新发展理念，加快生态文明建设的重要要求。鼓励支持企业积极创新技术，从而不断优化能源消费结构，离不开相关的政策法规为企业营造良好的社会环境。在法律上要高度重视保护企业创新技术知识产权、充分保障创新者的合理权益；在政策上要出台相关政策条令，例如给予创新企业一定的经济和名誉奖励，激励企业积极创新。

（三）调整能源结构，使之合理化、低碳化

从能源消费结构角度来看，东北地区仍然在很大程度上依赖于煤炭、原油、焦炭等传统化石燃料。大量消耗的化石能源、低层次的能源使用效率都导致了东北地区能源资源被过度开采，同时由此带来的碳排放量居高不下，使得气候问题无法得到有效缓解。因此，既要着力提高能源综合利用效率，又要积极调整能源结构。东北地区的能源消费结构中煤炭、原油等化石燃料占比最高，2016 年所占比重超过 83%，而相较于其他能源，煤炭和原油的碳排放系数较高，因此合理化调整能源消费结构，积极推广清洁能源能够有效促进东北地区降低碳排放量和实现在 2030 年达峰的目标。政府和市场，是东北地区有效合理调整能源消费

结构离不开的"两只手"。在政策方面，继续加大清洁能源创新力度、出台多种鼓励性政策；在法律方面，充分保障清洁能源相关机构的合法权益，充分维护清洁能源创新技术知识产权。可以通过学习、借鉴国内外的先进技术，积极引进国内外的相关高端技术人才，为合理化调整东北地区的能源消费结构奠定良好的基础。各省应当立足于自身的自然条件、资源禀赋以及经济状况等因素，借鉴国内外的成功经验，因地制宜地推广太阳能、风能、水能、生物质能等各种清洁能源。

【本篇小结】

本篇采用理论与实证相结合的方法，研究在全球气候变化的大背景下，中国东北地区低碳发展进程。首先，从经济水平、人口规模、能源消费结构、工业经济发展水平等方面出发，选取 1997 ~ 2016 年期间东北地区的相关数据进行碳排放测算。其次，利用 LMDI 因素分解法分析分解东北地区碳排放量的影响因素，测算出各因素的贡献程度。最后，预测东北地区碳排放量的峰值大小和达峰时间，运用扩展后的 STIRPAT 模型法分析预测结果，设计情景分析法模拟预测三种变化速率情景模式下东北地区碳排放量峰值大小和达峰时间，及其达峰最优路径。

第一，从经济结构、能源消费结构、人口规模、技术进步等视角分析得到影响东北地区碳排放量的主要因素：表征人口规模的人口总量（P）、表征居民生活富裕程度的人均 GDP（A）、城市化率（SP）、表征能源使用效率的能源强度（T）、表征生产模式的碳排放强度（F）、表征能源消费的能源结构（E）。结果表明，影响东北地区碳排放量的主要因素是能源结构与人均 GDP，而人口总量对东北地区碳排放量的影响程度较弱。

第二，设计情景分析法设定影响因子在三种可能的不同变化速率模式下，分析东北地区在 2030 年实现碳排放量达峰的情景。结果表明，在节能情景、强节能情景和低碳情景模式下，东北地区碳排放量分别在 2030 年、2030 年和 2025 年实现达峰，峰值大小为 328 417.26 万吨、298 201.60 万吨、228 500.06 万吨。另外，强节能情景模式在设计的三种情景模式下是最为合理的，在这种情景模式下峰值更低，且各因素较符合东北地区具体实际情况。

第三，单因素分析东北地区碳排放量峰值，结果表明，人口规模与城市化率变化率对峰值大小有影响，但对达峰时间没有影响。人均 GDP、能源消费结构、能源强度、碳排放强度既能影响碳排放达峰时间，又能影响峰值大小。

第四，通过对碳排放达峰路径进行可控性分析，在强节能情景模式下，为使东北地区在 2030 年实现碳排放量达峰，并努力争取早日实现，尽可能降低碳排放量峰值，探索东北地区碳排放量达峰的最优路径。积极推动经济高质量发展，在未来一段时期内，东北地区人均 GDP 增长率将保持在 5% 左右；降低能源强度和碳排放强度，力争在 2030 年前后将东北地区能源强度降至 0.51 吨/万元；积极推进城市化进程，深入贯彻节能减排低碳理念。

参 考 文 献

［1］陈华文. 人类影响气候 气候改变历史［N］. 中国科学报, 2019 – 11 – 22 (007).

［2］陈俊. 全球气候变化: 问题与反思［J］. 湖北大学学报 (哲学社会科学版), 2017 (44): 16 – 22.

［3］陈柳钦. 新世纪低碳经济发展的国际动向［J］. 郑州航空工业管理学院学报, 2010, 28 (3): 1 – 12.

［4］邓舒仁. 低碳经济发展研究: 理论分析和政策分析［D］. 中共中央党校, 2012.

［5］董立延. 新世纪日本绿色经济发展战略——日本低碳政策与启示［J］. 自然辩证法研究, 2012, 28 (11): 65 – 71.

［6］董小君. 低碳经济与国家战略［M］. 北京: 北京出版社, 2018.

［7］杜婕, 贾甲. 英德日美印低碳经济政策比较研究［J］. 国际经济合作, 2012 (3): 17 – 20.

［8］房乐宪. 中欧气候变化议题: 演进及政策含义［J］. 现代国际关系, 2008 (11): 19 – 24.

［9］高翔. 中国应对气候变化南南合作进展与展望［J］. 上海交通大学学报 (哲学社会科学版), 2016, 24 (1): 38 – 49.

［10］葛峻杰, 丁丽媛, 路梦慧. 浅析全球气候变化的原因［J］. 资源节约与环保, 2019 (10): 9.

［11］关孔文, 房乐宪. 东亚区域气候治理合作困境分析［J］. 东北亚论坛, 2017 (6): 68 – 76.

［12］关孔文, 房乐宪. 中欧气候变化伙伴关系的现状及前景［J］. 现代国际关系, 2017 (12): 49 – 56, 59.

［13］何建坤. 何建坤解读《哥本哈根协议》［J］. 中国海洋, 2010 (2): 27 – 28.

［14］何建坤. 全球气候治理形势与我国低碳发展对策［J］. 中国地质大学

学报（社会科学版），2017，17（5）：1-9．

[15] 侯艳丽，杨富强．气候变化谈判与行动 [J]．中国能源，2011，33（8）：8-13．

[16] 姜睿．气候政治的俄罗斯因素——俄罗斯参与国际气候合作的立场、问题与前景 [J]．俄罗斯研究，2012（4）：192-208．

[17] 金玲．中欧气候变化伙伴关系十年：走向全方位务实合作 [J]．国际问题研究，2015（5）：38-50．

[18] 景跃军，杜鹏．中日低碳技术合作现状及前景探讨 [J]．现代日本经济，2011（3）：35-40．

[19] 兰圣伟．全球气候变化说来已来 [N]．中国海洋报，2019-11-21（002）．

[20] 李国庆，丁红卫．地方城市低碳发展：日本实践与经验镜鉴 [J]．福建行政学院学报，2019（6）：98-110．

[21] 刘长松．德国可再生能源发展的政策进展与启示 [J]．世界环境，2017（3）：78-81．

[22] 刘航，温宗国．全球气候治理新趋势、新问题及国家低碳战略新部署 [J]．环境保护，2018，46（2）：50-54．

[23] 刘洪岩．全球气候谈判：困境与出路 [J]．中国经济报告，2017（12）：59-60．

[24] 刘雅君．韩国低碳绿色经济发展研究 [D]．吉利大学，2015．

[25] 刘政阳，李挺宇．全球气候变暖趋势急剧加速 [J]．生态经济，2019，35（9）：1-4．

[26] 柳思思．欧盟气候话语权的建构及对中国的启示研究 [M]．北京：时事出版社，2018．

[27] 罗良文，茹雪，赵凡．气候变化的经济影响研究进展 [J]．经济学动态，2018（10）：116-130．

[28] 雒小蕾．从京都到多哈：各国低碳义务的承担对中国的启示 [D]．东北林业大学，2013．

[29] 马宇恒．东北地区2030年碳排放达峰路径研究 [D]．吉林大学，2018．

[30] 门丹．美国低碳经济政策转向研究：原因、定位及经济绩效 [D]．辽宁大学，2013．

[31] 朴英爱．论低碳视角下的中日韩环保合作 [J]．学习与探索，2010

（4）：148 – 150.

[32] 戚文海，矫萍. 全球气候变暖背景下的俄罗斯加强低碳经济发展的路径选择 [J]. 俄罗斯中亚东欧市场，2011（1）：6 – 15.

[33] 祁悦，樊依纯. 基础四国气候变化南南合作的政策行动及启示 [J]. 世界环境，2017（1）：60 – 63.

[34] 权宁振. 东北亚环境合作研究——以中日韩为中心 [D]. 吉林大学，2014.

[35] 任力. 国外发展低碳经济的政策及启示 [J]. 发展研究，2009（2）：23 – 27.

[36] 任晓菲，李顺龙. 东北亚区域环境合作模式探析 [J]. 经济研究，2019，40（7）：120 – 126.

[37] 汝醒君. 中国和欧盟低碳发展比较研究 [D]. 中国科学技术大学，2013.

[38] 单宝. 解读低碳经济 [J]. 内蒙古社会科学（汉文版），2009，30（6）：75 – 78.

[39] 尚宏博. 东北亚环境合作机制回顾与分析 [J]. 中国环境管理，2010（2）：11 – 14.

[40] 盛春红. 能源转型的制度创新——德国经验与启示 [J]. 科技管理研究，2019（18）：25 – 31.

[41] 石峰. 英国低碳经济政策的研究 [D]. 吉林大学，2016.

[42] 宋丹. 欧洲低碳经济政策对我国低碳经济发展的启示 [J]. 环境保护与循环经济，2018（5）：78 – 80.

[43] 苏伟. 我国低碳发展战略和政策行动 [J]. 环境保护，2014（22）：23 – 24.

[44] 孙毅. 发达国家与中国发展低碳经济的政策比较 [D]. 青岛大学，2011.

[45] 王奉安. 解读"巴厘岛路线图" [J]. 环境保护与循环经济，2008（2）：62 – 63.

[46] 王欢芳，黄迪妮. 国外发展低碳经济的成功经验与启示 [J]. 石家庄经济学院学报，2015，38（6）：68 – 74.

[47] 王会芝. 日韩绿色经济发展实践及其启示 [J]. 东北亚学刊，2016（5）：31 – 34.

[48] 王景福，张东晓. 沿着低碳之路走向生态文明国策 [M]. 北京：中国

环境出版社，2017.

[49] 王俊贤，杨远福. 发展低碳经济政策研究 [C]. 中国环境科学学会. 2012 年中国环境科学学术年会论文集（第一卷）. 中国环境科学学会：中国环境科学学会，2012：194 – 197.

[50] 吴可亮. 简析韩国"低碳绿色增长"经济振兴战略及其启示 [J]. 经济视角（下），2010（12）：97 – 99.

[51] 肖文燕. 国外低碳经济的发展历程、策略选择及对中国的启示 [J]. 江西财经大学学报，2011（6）：108 – 114.

[52] 薛敏，陈英明，罗汉春等. 世界主要发达国家低碳经济发展的比较研究 [J]. 武汉纺织大学学报，2014，27（2）：76 – 79.

[53] 杨朝峰，赵志耘. 主要国家低碳经济发展战略 [J]. 全球科技经济瞭望，2013，28（12）：35 – 43.

[54] 于宏源. 中欧合作渐成——全球气候治理"助推器" [N]. 文汇报，2011 – 12 – 10（004）.

[55] 张成，邓林密. 国内外气候变化与健康应对的研究进展 [J]. 中国医疗管理科学，2019，9（5）：46 – 52.

[56] 张冯雪，林兴发. 中国应对气候变化政策的演变 2007 – 2016 [J]. 特区经济，2018（8）：58 – 63.

[57] 张海滨. 应对气候变化：中日合作与中美合作比较研究 [J]. 世界经济与政治，2009（1）：38 – 48.

[58] 钟声. 全球气候治理仍是进行时 [N]. 人民日报，2019 – 12 – 17（003）.

[59] 舟丹. 中国 2030 年碳排放达峰路径分析 [J]. 中外能源，2017（5）：60.

[60] 朱松丽，王文涛，高翔等. 美国应对气候变化政策新动向及其影响 [J]. 全球科技经济瞭望，2013，28（7）：12 – 17.

[61] Chen, W., Yin, X., Zhang, H., et al. The Role of Energy Service Demand in Carbon Mitigation：Combining Sector Analysis and China TIMES – ED Modeling In：Giannakidis G., Labriet., ó Gallachóir B., Tosato G. (eds) *Informing Energy and Climate Policies Using Energy Systems Models* [M]. Springer International Publishing, 2015：293 – 312.

[62] Handbook of Energy & Economic Statistics in Japan 2009. Japan：The Energy Conservation Center, 2009.

［63］ Kaya, Y. Impact of carbon dioxide emission control on GNP growth: interpretation of proposed scenarios ［R］. IPCC Energy and Industry Subgroup, Response Strategies Working Group, Paris, 1990.

［64］ Kesicki, F. , Anandarajah, G. "The role of energy – service demand reduction in global climate change mitigation: combining energy modeling and decomposition analysis" ［J］. *Energy Policy*, 2011, 39 (11): 7224 – 7233.

［65］ Wu, L. , Kaneko, S. , Matsuoka, S. Driving forces behind the stagnancy of China's energy – related CO_2 emission from 1996 to 1999: the relative importance of structural change, intensity change and scale change ［J］. *Energy Policy*, 2005, 33 (3): 319 – 335.